Tobias Weigt

Die Wissenszurechnung im Unternehmen nach § 166 BGB

Zurechnungsvoraussetzungen und betriebliche Wissensträger

Bachelor + Master
Publishing

Weigt, Tobias: Die Wissenszurechnung im Unternehmen nach § 166 BGB: Zurechnungsvoraussetzungen und betriebliche Wissensträger. Hamburg, Diplomica Verlag GmbH 2012
Originaltitel der Abschlussarbeit: Die Wissenszurechnung im Unternehmen nach § 166 BGB

ISBN: 978-3-86341-323-1
Druck: Bachelor + Master Publishing, ein Imprint der Diplomica® Verlag GmbH, Hamburg, 2012
Zugl. Fachhochschule Bielefeld, Bielefeld, Deutschland, Bachelorarbeit, Juni 2012

Bibliografische Information der Deutschen Nationalbibliothek:
Die Deutsche Nationalbibliothek verzeichnet diese Publikation in der Deutschen Nationalbibliografie; detaillierte bibliografische Daten sind im Internet über http://dnb.d-nb.de abrufbar.

Die digitale Ausgabe (eBook-Ausgabe) dieses Titels trägt die ISBN 978-3-86341-823-6 und kann über den Handel oder den Verlag bezogen werden.

Inhaltsverzeichnis

Abkürzungsverzeichnis

AktG	Aktiengesetz
BGHZ	Entscheidungssammlung des Bundesgerichtshof in Zivilsachen
BGB	Bürgerliches Gesetzbuch
BGH	Bundesgerichtshof
BKR	Zeitschrift für Bank-und Kapitalmarktrecht
bspw.	beispielsweise
c.i.c	culpa in contrahendo
DStR	Deutsches Steuerrecht
f.	folgende
ff.	fortfolgende
Fn	Fußnote
GG	Grundgesetz
GmbHG	GmbH-Gesetz
HGB	Handelsgesetzbuch
JR	Juristische Rundschau
Kfz	Kraftfahrzeug
KWG	Kreditwesengesetz
LG	Landgericht
LSK	Leitsatzkartei
MDR	Monatsschrift für Deutsches Recht
NJOZ	Neue juristische Online-Zeitschrift
NJW	Neue juristische Wochenschrift
NJW-RR	NJW-Rechtsprechungs-Report

Nr.	Nummer
NVersZ	Neue Zeitschrift für Versicherung und Recht
NZG	Neue Zeitschrift für Gesellschaftsrecht
NZV	Neue Zeitschrift für Verkehrsrecht
OLG	Oberlandesgericht
PKW	Personenkraftwagen
Rn	Randnummer
S.	–Seite– oder –Satz–
Vgl.	vergleiche
VVG	Versicherungsvertragsgesetz
WM	Wertpapiermitteilungen
WpHG	Wertpapierhandelsgesetz
ZHR	Zeitschrift für das gesamte Handels- und Wirtschaftsrecht
ZIP	Zeitschrift für Wirtschaftsrecht
ZR	Zivilrecht

I   Grundlagen der Wissenszurechnung

1.   Einführung in die Problematik

Diese Arbeit befasst sich mit der Zurechenbarkeit von Wissen innerhalb von privatwirtschaftlichen Rechtsgebilden (Unternehmen). Der Schwerpunkt liegt vor allem auf der Fragestellung, in wieweit die im Rechtsverkehr erlangten Kenntnisse von natürlichen Personen, einer juristischen Person zuzuordnen sind, für die, die betreffende natürliche Person tätig ist. Auf einer nachfolgenden Ebene wird auch die Frage behandelt, ob das Wissen, welches hierdurch erlangt wurde, wiederum im gegenseitigen Verhältnis von Unternehmen untereinander zuzurechnen ist.

Es geht somit um –„Wissensverlagerungen"-, die als ein typisches Merkmal der heutigen arbeitsteiligen Gesellschaft anzusehen sind.[1] In der Literatur wird die Wissenszurechnung weitläufig als nicht hinreichend durch den Gesetzgeber geregelt betrachtet, weshalb Rechtsprechung und Literatur versuchen, einheitliche Maßstäbe zur Behandlung dieses Themenkomplexes zu entwickeln und einheitliche Lösungsansätze für die vielfältigen Konstellationen zu liefern.[2]

In dieser Arbeit werden zunächst die rechtlichen Grundlagen der Wissenszurechnung erläutert. Im deutschen Recht gibt es zahlreiche „Wissensnormen" ,die sich nahezu über alle Rechtsgebiete erstrecken.[3] Sie bilden die Grundlage für eine Wissenszurechnung. Die einzelnen Normen sehen jedoch keinen einheitlichen Maßstab für eine Zurechnung von Wissen vor. Vielmehr differieren die Voraussetzungen für die Zurechenbarkeit von Anwendungsgebiet zu Anwendungsgebiet. Dies ist vor allem mit den unterschiedlichen Schutzfunktionen der Wissensnormen zu begründen, die in erster Linie auf das Vertrauen des Rechtsverkehrspartners des jeweiligen Wissenden gerichtet sind.[4]

---

[1]   Vgl. Schramm: BGB §166, Rn 24.
[2]   Vgl. Goldschmidt, S.26.
[3]   Vgl. Bruns S.20 ff.; Buck, S.20ff.
[4]   Vgl. Buck S.16 f. ;Vgl. auch Schramm,§166, Rn 24f.

1

Der Gegenstand der Wissenszurechnung ist, wie es sich aus dem Wort bereits ableiten lässt, -das Wissen-. Um diesen abstrakten Begriff in einen rechtlichen Kontext setzen zu können, wird er im Zuge dieser Arbeit zunächst hinreichend objektiviert und konkretisiert.[5]

§ 166 BGB bildet die Zurechnungsnorm zu der jeweiligen Wissensnorm, im Zuge derer Wissen von einer auf eine andere Person übertragbar ist. Vom reinen Wortlaut des Gesetzes her, ist hier vom „Vertretenen" und vom „Vertreter" die Rede, also von der Situation einer rechtsgeschäftlichen Stellvertretung.[6] Andere Personenkreise wären vom Wortlaut somit ausgeschlossen. Jedoch erfährt § 166 BGB in der Rechtsprechung eine Extension,[7] durch welche sich der Begriff des Wissensvertreters[8] heraus geprägt hat.[9] Im Zuge dessen sind auch Personen mit einzubeziehen, die nicht direkt im Sinne des § 164 BGB handeln. Dies ist im Wirtschaftsverkehr bei so genannten Hilfspersonen der Fall,[10] die „im Auftrag", wie der Sachbearbeiter der Einkaufsabteilung, und nicht „in Vertretung" oder „ per Prokura", wie der Prokurist nach § 54 HGB, nach außen hin auftreten und Geschäftspapiere unterzeichnen.

Reiff definiert den Begriff der Wissenszurechnung folgendermaßen:

„Wissenszurechnung funktioniert wie folgt: Eine zivilrechtliche Norm, eine sog. Wissensnorm, knüpft im Tatbestand an die Kenntnis einer Person an. Die Rechtsfolge dieser Norm tritt also nur ein, wenn die Person einen bestimmten Umstand kennt. Wissenszurechnung heißt nun, dass das Wissen einer bestimmten anderen Person dem Wissen der ersten Person normativ gleichgestellt wird."[11]

Ein Anwendungsbeispiel:

---

[5] Siehe hierzu I.2.
[6] Siehe §166 BGB.
[7] Vgl. Adler,S.17f.
[8] Siehe hierzu I.6.
[9] Vgl. hierzu: BGH,25.03.1982 (VII ZR 60/81), BGHZ 83,293.
[10] Vgl. Leipold,§25, Rn 7.
[11] Reiff: VVG §70,Rn 4; In vielen dieser Vorschriften ist das Kennmüssen (vgl.§122 Abs.2 BGB) der Kenntnis gleichgestellt.

Ein bei einem Autohaus angestellter Kraftfahrzeugverkäufer nimmt bei einem Neuwagengeschäft den gebrauchten PKW des Käufers in Zahlung. Der Käufer weist ihn im Zuge der Kaufvertragshandlung darauf hin, dass der Kilometerzähler des Gebrauchtwagens einen niedrigeren Kilometerstand aufweist als der Wagen in Wirklichkeit gefahren ist. Der Verkäufer gibt diese Angaben zwar weiter, jedoch teilt er es der zuständigen Stelle, die für den Weiterverkauf der in Zahlung genommenen Gebrauchtwagen zuständig ist, nicht korrekt mit. So wird der Wagen unter der Angabe der niedrigeren, falschen Laufleistung schließlich an einen anderen Kunden weiterveräußert.[12] Es wird zu thematisieren sein, wie solch ein Fall im Zuge der Wissenszurechnung durch die Rechtsprechung behandelt wird.

Ein starkes Motiv der Rechtsprechung für die Wissenszurechnung in Unternehmen und Konzernen ist der Gedanke der Gleichstellung von Rechtsverkehrspartnern einer natürlichen Person und denen einer juristischen Person.[13] Der Rechtsverkehrspartner, der es mit einem Unternehmen oder Konzern zu tun hat, soll so in gleicher Weise zur Ausübung seiner Rechte befähigt sein, als habe er es mit einer natürlichen Person zu tun. Im Umkehrschluss bedeutet dies natürlich auch, dass er nicht besser gestellt sein soll als im Umgang mit einer natürlichen Person.[14] Anders als bei einer natürlichen Person findet im Unternehmen eine Wissensaufspaltung zwischen mehreren Stellen statt, weshalb es wichtig ist, zu ergründen, was als Wissen eines Unternehmens angesehen werden kann.

Ein besonderes Augenmerk bei der Wissenszurechnung im Unternehmen wird im Folgenden auf die Vertrauenshaftung (culpa in contrahendo) gelegt, da diese ebenfalls im besonderen Maße dem Verkehrsschutz dient und dieses Rechtsinstitut von Literatur und Rechtsprechung häufig im Zusammenhang mit § 166 BGB angewendet wird.[15]

In diesem Zusammenhang sind die Begriffe des Wissenmüssens und der Wissenszusammenrechnung von Belang. Der Begriff des Wissenmüssens,

---

[12] Siehe hierzu den Fall unter III.1: BGH,31.01.1996,(VIII ZR 297/94),DStR 1996,1134.
[13] Vgl. Goldschmidt,S.32.
[14] Vgl. Goldschmidt,S.32ff.
[15] Siehe hierzu : III.1-III.5.

stellt noch keinen direkten Kontext zur Wissenszurechnung im Zusammenhang mit einem Unternehmen dar. Es geht hierbei um das fahrlässige Nichtkennen rechtsrelevanter Umstände[16], also ein Kennen bzw. ein Wissen das jemand hätte haben müssen, wenn er nicht fahrlässig gehandelt hätte,[17] wie dies in § 122 II BGB definiert ist.[18]

Der Begriff der Fahrlässigkeit wiederum ist dadurch gekennzeichnet, dass der Betreffende die im Verkehr erforderliche Sorgfalt außer Acht lässt.[19] In vielen Wissensnormen ist ein Wissenmüssen dem Wissen gleichgestellt.[20] Hieraus folgt, dass auch bei der Zurechnung, die fahrlässige Unwissenheit der einen Person auf die andere Person als Tatsachenkenntnis übertragen wird. Ob bei denjenigen Wissensnormen, bei denen nur von „Kenntnis", also von Wissen die Rede ist, auch ein Wissenmüssen ausreicht, beantwortet *Buck* damit, dass eine absolute Trennschärfe zwischen Wissen, Eventualwissen und Unwissen faktisch nicht gegeben ist. Das Wissen einer Person, juristisch oder natürlich, sei nie über jeden Zweifel erhaben. Das Eventualwissen könne durch Schlussfolgerung oder Nachforschung zum Tatsachenwissen werden, und die Unkenntnis schließe eine entsprechende Kenntnis über eine Möglichkeit der Informationsbeschaffung nicht aus. Somit ist zu dieser Frage im Einzelfall die Ausgestaltung, also die Zweckbestimmung der jeweiligen Wissensnorm, zu ergründen.[21]

Bei der Zurechnung von Wissen, aber vor allem von Wissenmüssen, im Verhältnis von juristischer und natürlicher Personen ist der Begriff der Wissenszusammenrechnung ebenfalls von hohem Belang. Er beschreibt den Umstand, dass verschiedene Wissensteile mehrerer Personen, die im Unternehmen oder Konzern beschäftigt sind, zu einem Gesamtwissen zusammengefügt werden oder ein Teilwissen, dass im Unternehmen oder Konzern

---

[16] Siehe hierzu I.8.
[17] Vgl. hierzu bspw: BGH, 14.05.1998 (I ZR 95/96), MDR 1999,172.
[18] Vgl. Buck,S.31.
[19] Siehe §276 II BGB.
[20] Vgl. Buck, S.31.
[21] Vgl. Buck, S.55f., 512.

bereits vorhanden ist, mit neu erlangten Erkenntnissen der beschäftigten Personen zu einer Einheit zusammengefügt wird.[22]

Bei der Frage was das Wissen einer juristischen Person überhaupt ist, werden die Begriffe „Aktenwissen" und „Organisationspflicht" vordergründig behandelt.[23]

Im Hauptteil geht es zunächst einmal um die einzelnen in Frage kommenden Wissensträger, von denen das Wissen im Zuge der Wissenszurechnung auf eine andere Person, aber vor allem auf eine juristische Person, zurechenbar ist. Auch die mögliche Zurechnung von Wissen zwischen Unternehmen, die in einem Konzernverhältnis zueinander stehen wird behandelt. Hierbei wird erkennbar, dass die unterschiedlichen möglichen Konstellationen, unterschiedliche Voraussetzungen der Zurechenbarkeit ergeben.[24]

Hieran anschließend soll auf einzelne, ausgesuchte Rechtsfelder eingegangen werden, wobei auf die Perspektive desjenigen eingegangen wird bei dem das Wissen, das Wissenmüssen bzw. die einschlägigen Wissensteile für die Erfüllung der Voraussetzungen einer Zurechnung vorliegen oder nicht vorliegen. Dabei wird auf Themen eingegangen, die vor allem durch ihren vermögensrechtlichen Hintergrund einen praktischen Bezug zu den im Wirtschaftsverkehr am häufigsten auftretenden Vorkommnissen haben.[25]

Abschließend wird ein Resümee gezogen werden, dass in erster Linie die Systematik der Wissenszurechnung darstellt.

2. Der Begriff des Wissens und der Kenntnis

Es existieren wie bereits erläutert, so genannte Wissensnormen und die normgestützte Praxis der Wissenszurechnung.[26] Jedoch sind die Begriffe des „Wissens" und der „Kenntnis" an keiner Stelle des Zivilrechts normiert, so

---

[22] Vgl. hierzu bspw: BGH,02.02.1996 (V ZR239/94),BGHZ 132,30.
[23] Siehe hierzu I.5.
[24] Siehe hierzu II.1-II.7.
[25] Siehe hierzu III.1-III.7.
[26] Siehe hierzu I.1.

dass nur durch eine begriffliche Annäherung ein Anknüpfungspunkt gebildet werden kann.[27]

Ist im Gesetz fast durchgehend von „Kenntnis" die Rede[28], so wird in der Literatur vorwiegend der Begriff des „Wissens" benutzt.[29] Diese beiden Begriffe meinen jedoch dasselbe und werden synonym verwendet. [30]

Wissen kann als gespeicherte Information betrachtet werden, die von einer bestimmten Person auf irgendeinem Wege erlangt wird. Ob die Erlangung dieser Information zu einem Wissen oder einer Kenntnis der Person führt, ist aus der reinen Logik heraus gefolgert, davon abhängig, ob die Information durch die betreffende Person entsprechend geistig verarbeitet wird. Voraussetzung für eine solche Verarbeitung ist, dass die Person die Bedeutung der Information erkennt, denn ohne diese Bedeutung wäre eine geistige Verarbeitung nicht möglich. Es kommt somit auf die Person an und auf die Informationen und Kompetenzen, die der Person als Voraussetzung für die Verarbeitung bereits vorliegen.[31] Weitergehend muss die Person zu der inneren Überzeugung gelangen, dass die verarbeitete Information mit der Wirklichkeit übereinstimmt. Diese Überzeugung ist notwendig um die Information mehr oder minder dauerhaft zu speichern ohne sie zu verwerfen.[32]

Hier ist bereits die Schwierigkeit zu erkennen, „Wissen" und „Kenntnis" in ein „juristisches Korsett zu schnüren". Das Zurechnungsobjekt der Wissenszurechnung ist nur vage definierbar.

Vor allem die Beweisbarkeit vom Vorliegen einer Kenntnis erscheint bei solch subjektiv, auf die Person des Wissenden abstellenden Definitionen schwer praktikabel.

---

[27] Vgl. Buck, S.47; Reichel, Grünhuts Zeitschrift 42, S. 173,189.
[28] Auch von mangelnder Gutgläubigkeit (nicht im guten Glauben sein) ist oft die Rede. Dies wird im §932II BGB definiert. Zur Gutgläubigkeit als Kenntnis auch: Buck, S.21.
[29] Zum Vergleich hierzu die Bücher von Buck; Bruns; Goldschmidt (siehe Literaturverzeichnis).
[30] Vgl. Buck, S.47; Vgl. auch Faßbender, S.28.
[31] So etwa Fatemi, NJOZ 2010, S.2639.
[32] Vgl. Fatemi, NJOZ 2010, S.2637.

„Allen Definitionsversuchen gemeinsam ist die Erkenntnis, daß sich, da das Wissen eine innere Tatsache und als solche nicht an ein Verhalten gebunden ist, das Problem einer –äußeren- Erkennbarkeit stellt."[33]

Das Verhalten einer Person spiegelt sich in ihrer Umwelt wider. Da durch ihr Handeln oder auch Nichthandeln eine Beeinflussung oder auch Nichtbeeinflussung der Umwelt stattfindet, lässt sich durch diesen Umstand an einen Tatbestand anknüpfen. Dies ist bei der Kenntnis grundsätzlich anders. Die Kenntnis liegt zunächst ausschließlich in der Sphäre der Person selbst und hat ohne kenntnisgesteuertes Verhalten keine von außen erkennbaren Einflüsse. Es lässt sich hier bei der Beweisbarkeit jedoch sehr wohl an die Erlangung der Kenntnis, also an den Zugang der Information, anknüpfen. Der Zugang kann aufgrund unterschiedlichster Umstände beweisbar sein. Beispielhaft ist die dokumentierte oder nachvollziehbare Ausgabe einer Information durch einen Dritten, für die die jeweilige Person als Adressat zu gelten hat.

Weitergehend ist auch die Situation denkbar, in der es beweisbar ist, dass eine Information irgendwo vorlag, die durch die betreffende Person hätte abgerufen werden können. Diese –„Holschuld"- wird noch unter dem Begriff des „Wissenmüssens" zu diskutieren sein. [34]

Zunächst ist zu klären wann der Zugang der Information einem Wissen, also der entsprechenden geistigen Verarbeitung des Inhaltes der Information gleichzustellen ist.

Buck zieht hierfür *Reichel* zu Rate, wonach auf einen verständigen Durchschnittsmenschen abzustellen sei, bei dem die Relevanz der Information als höchstwahrscheinlich einzustufen sei. Auch die Ansicht des BGH, dass die Annahme von Wissen nicht schon durch jeden möglichen, vor allem unbegründeten Zweifel auszuschließen sei,[35] kann hier als zielführend gelten. Die Beurteilung, ob Wissen vorliegt oder nicht vorliegt, sei daher von Einzelfall zu

---

[33] Buck, S.47 unten.
[34] Siehe hierzu I.5.
[35] Vgl. BGH,07.03.2003 (V ZR 437/01), NJW-RR 2003,989.

Einzelfall an den zugrunde liegenden Umständen zu bewerten und unterläge daher im Prozess der freien Beweiswürdigung des Richters.[36]

Der Begriff des Zweifels, von dem hier im Zusammenhang mit Wissen und Kenntnis auch die Rede sein muss, ist unter bestimmten Voraussetzungen ein negatives Merkmal für das Vorliegen von Kenntnis. Unerhebliche, als unbegründet anzusehende Zweifel sind hierbei unschädlich.[37] Fraglich ist, welcher Grad von Zweifel ein Wissen (nicht aber ein Wissenmüssen) ausschließt.

Eine Abgrenzung gestaltet sich schon aufgrund der schweren Nachweisbarkeit eines Zweifels schwierig. Die Intensität von Zweifeln zu beurteilen, dürfte daher umso schwerer fallen. Das Gesetz kennt den Begriff der Vermutung, er ist in verschiedenen Wissensnormen aufgeführt, wodurch eine Abgrenzung zur Kenntnis an dieser Stelle gegeben ist. Je größer der Zweifel im Zusammenhang mit einer Kenntnis ist, desto schwerer wiegt das Element der Vermutung oder auch des Verdachts.[38]Die einzelnen Wissensnormen stellen jedenfalls auch auf unterschiedliche Bezugspunkte der Kenntnis ab. Hier wird die Notwendigkeit der vollständigen geistigen Verarbeitung aufgeweicht. Teilweise ist es notwendig, die rechtliche Bedeutung der Information zu erkennen. Teilweise ist es nur notwendig, die tatsächliche Bedeutung zu erkennen, ohne dass die Rechtsfolge durch Nichtkenntnis tangiert wird.[39]

Aus dieser unterschiedlichen Behandlung durch den Gesetzgeber, lässt sich erkennen, dass Wissen und Kenntnis im juristischen Sinne keine einheitlich anwendbare Schablone darstellen. Vielmehr muss der Wissensbegriff immer im Kontext mit dem Adressaten der jeweiligen Wissensnorm verstanden werden.

---

[36] Vgl. Buck, S.47f.

[37] Siehe Fn 35.

[38] Vgl. Fatemi, NJOZ 2010, S.2637 unten; *Fatemi* nennt als Beispiele für das Vorkommen des Begriffs „Verdacht" §§665;670;677 BGB.

[39] Vgl. Fatemi, NJOZ 2010, S.2639; *Fatemi* nennt als Beispiele für die Erforderlichkeit von rechtlicher Erkenntnis §§442I; 173BGB und für die Erforderlichkeit von reiner Tatsachenkenntnis §§405;122IIBGB. Bei der Erforderlichkeit von rechtlicher Erkenntnis sei auf die „Sicht der Laiensphäre" abzustellen, also darauf, dass die Person erkenne, dass irgendeine Rechtsfolge aus dem Umstand resultiere.

Es ist zielführend, bei der Frage ob jemand Kenntnis oder Wissen besitzt, zunächst an den Zugang der relevanten Information anzuknüpfen. Hiernach kann erst auf subjektive Umstände und Merkmale des Adressaten eingegangen werden. So wird in der Literatur auch teilweise gefordert nicht an das Wissen, sondern an den Vorgang der Erlangung von Informationen die üblicherweise zur Kenntnis führen, anzuknüpfen.[40] Dies ist als Ansatzpunkt zwar hilfreich, berücksichtigt im Gesamtergebnis aber nicht in ausreichender Weise die Individualität einzelner Personengruppen. Deshalb ist nach Feststellung des Kenntniszugangs stets weiterführend auf subjektive Merkmale der Person und objektive Merkmale der vorliegenden Umstände einzugehen.

Hierbei spielt auch eine gewisse zeitliche Komponente eine Rolle, die in Verbindung mit der vorstellbaren Wichtigkeit einer Information für den Adressaten gesetzt werden muss. Ab welchem Zeitpunkt ist es einer Person nicht mehr zumutbar eine Information zu speichern? Wann darf eine Information als vergessen gelten? Auch hier ist nach der Rechtsprechung abzuwägen. Je wichtiger die Information, desto höhere Anforderungen sind an die Erinnerung des Adressaten gestellt.[41]

3. Die Wissensnormen

Wie bereits erläutert, kommen Wissensnormen in nahezu jedem deutschen Rechtsgebiet vor. Sie sind unterschiedlich ausgestaltet und lassen verschiedene Motive des Gesetzgebers erkennen. Sie sind der erste Anknüpfungspunkt, durch den sich eine Wissenszurechnung nach §166 BGB vollziehen kann.

Eine Sortierung der Wissensnormen kann hilfreich sein, einen Überblick über die Breite der Anwendungsgebiete zu erlangen. Die Einordnungen erfolgen in der Literatur nach unterschiedlichen Kriterien. So wird einmal danach differenziert, ob das Wissen allein oder nur in Verbindung mit einer rechtsgeschäftlichen Handlung Folgen nach sich zieht oder ob die Norm ein „Kennen" ein „Kennenmüssen" oder beides im Normtext vorsieht. Weitere Herange-

---

[40] Vgl. Buck, S.35.
[41] Vgl. Medicus, §55, Rn 904a.

hensweisen sind die Einteilung der Normen nach gleichartigen Rechtsfolgen und eine Unterteilung in Zielsetzungen der Wissensnormen, wie beispielsweise dem Schutz des Geschäftspartners.[42]

Bruns favorisiert richtigerweise die Einteilung, die sich nach den Rechtsfolgen bzw. an dem funktionalen Kontext der Normen orientiert. Die Unterteilung erfolgt hiernach in sechs Kategorien: Fristenlauf, Nichterwerb von dinglichen Rechten, Nichterwerb von sonstigen Rechten, Verschlechterung der Rechtsstellung, Wissen und Arglist, sowie Wissen und Vorsatz.[43] Nachfolgend werden Einzelbeispiele der von *Bruns* genannten Fallgruppen aufgeführt.

Bei der Fallgruppe –„Fristenlauf"- geht es um die Wissensnormen, die Ausschluss-, Verjährungs- und Nachhaftungsfristen begründen. Sie dienen vornehmlich dem Rechtsfrieden und der Rechtssicherheit. Als Beispiel besonders hervorzuheben ist § 199 I BGB, indem es heißt, dass die regelmäßige Verjährungsfrist mit dem Schluss des Jahres beginnt, indem „der Gläubiger von den, den Anspruch begründenden Umständen und der Person des Schuldners erlangt oder ohne grobe Fahrlässigkeit erlangen musste."[44]

Bei der Fallgruppe –„Nichterwerb dinglicher Rechte"- geht es bei *Bruns* um das Sachenrecht, bei dem Wissensnormen bewirken, dass der Erwerb von Sachen nur im guten Glauben (einredefrei*[45]) möglich ist. Beispielhaft wird hier auch § 932 I S.1 BGB genannt, der dies bei beweglichen Sachen regelt, die hiernach nur rechtlich einwandfrei erwerbbar sind, wenn man als Käufer keine Kenntnisse über mögliche Rechtsmängel besitzt.[46]

Die Gruppe –„Nichterwerb sonstiger Rechte"- handelt von den nicht dinglichen Rechten. Hier bewirken die Wissensnormen, dass solcherlei Rechte nur in Anspruch genommen werden können, wenn man von den Umständen, die

---

[42] Vgl. Bruns, S.18ff.

[43] Vgl. Bruns, S.20-23; Hierbei geht *Bruns* ausschließlich auf das bürgerliche Recht und das Versicherungsrecht ein. Andere Rechtsgebiete kommen in den Ausführungen nicht zur Erwähnung.

[44] Vgl. Bruns, S.20; §199I Nr.1 BGB.

[45] *ohne Einrede des rechtmäßigen Eigentümers.

[46] Vgl. Bruns, S. 20f.

diese begründen keine Kenntnis hatte. Exemplarisch ist hier auch wegen seiner häufigen Relevanz im Rechtsverkehr, § 442 I S.1 BGB, der regelt, dass der Käufer, der den Mangel einer Sache bei Vertragsschluss kennt, die Rechte nach § 437 BGB nicht in Anspruch nehmen kann.[47]

Die Gruppe –„Verschlechterung der Rechtsstellung"- umfasst die Fälle, in denen jemand, der von bestimmten Umständen Kenntnis hat, rechtlich schlechter gestellt ist, als wenn er keine Kenntnis besäße. Dies ist unter anderen beim unrechtmäßigen Besitzer nach § 990 I S.1 BGB der Fall, der bei Kenntnis des Rechtsmangels, dem rechtmäßigen Eigentümer gegenüber bei Verschlechterung der Sache Kompensation leisten, und ihm die durch den Besitz entstandenen Vorteile herausgeben muss.[48]

Bei der Gruppe –„Wissen und Arglist"- handelt es sich um einige wenige Wissensnormen, die dem Rechtsverkehrspartner eines arglistig handelnden Wissenden zum Schutze gereichen sollen. Hier kann jemand, der Opfer einer solchen Handlung geworden ist, Rechte in Anspruch nehmen, die er aufgrund eigener Fahrlässigkeit oder vereinbarter Vertragsmodalitäten sonst nicht hätte beanspruchen können. Dies ist in § 442 I S.1 BGB und in § 444 BGB der Fall.[49]

Diese Gruppe könnte aus der Perspektive des arglistig handelnden Wissenden, auch unter die Kategorie –„Verschlechterung der Rechtsstellung"- zu sortieren sein. *Bruns* stellt hierzu klar, dass die Gruppen nicht zusammenhangslos und isoliert betrachtet werden könnten.[50]

Abschließend führt Bruns die Gruppe –„Wissen und Vorsatz"- auf. Hier sind die §§ 280; 823; 826 BGB von Belang. Sie können nicht als unmittelbare Wissensnormen verstanden werden, jedoch setzen vertragliche sowie vorvertragliche Pflichtverletzungen, genauso wie unerlaubte Handlungen einen Vorsatz oder eine Fahrlässigkeit voraus.[51]

---

[47] Vgl. Bruns, S. 21f.
[48] Vgl. Bruns, S. 22.
[49] Vgl. Bruns, S.23.
[50] Vgl. Bruns, S.23.
[51] Vgl. Bruns S.23.

Vorsätzliches oder fahrlässiges Handeln, aber auch Unterlassen, ist nur in Verbindung mit Kenntnis oder fahrlässiger Unkenntnis möglich.[52] Wissen und Kenntnis spielt gerade bei Pflichtverletzungen durch Unterlassen und Unterlassungsdelikten eine hervorgehobene Rolle, da es mangels nach außen gerichteten Verhaltens einziger Anknüpfungspunkt für eine Verantwortlichkeit des Betreffenden und somit Voraussetzung zur Erfüllung des Tatbestandes ist.[53]

Die hier angebrachten Beispiele sind aufgrund ihres häufigen Auftretens im alltäglichen Rechtsverkehr, exemplarisch gewählt worden. Wie bereits erwähnt sind Wissensnormen auch außerhalb des BGB anzutreffen. Große Beachtung erfährt das Thema durch die Beschäftigung der Literatur unter anderem auch in den Bereichen Gesellschaftsrecht, Versicherungsrecht, Wettbewerbsrecht, Bankrecht und Kapitalmarktrecht.[54]

4.   § 166 BGB als zentrale Zurechnungsnorm für Wissen

§ 166 BGB stellt wie bereits erwähnt die Grundlage für die Wissenszurechnung dar,[55] die sich in Verbindung mit der jeweils einschlägigen Wissensnorm vollziehen kann. Es ist auch bereits angeführt worden, dass die Rechtsprechung regelmäßig eine Extension des §166 BGB vornimmt,[56] um die Wissenszurechnung über den Wortlaut hinaus auch auf andere als den rechtsgeschäftlichen Vertreter denkbare Personen auszuweiten.[57]

Dass diese Zurechnung nicht unbegrenzt und universell angewendet werden kann, ist bereits dadurch klar geworden, dass die Wissensnormen einen unterschiedlichen Rahmen vorgeben, der durch unterschiedliche Motive der Gesetzgebung geprägt ist.[58] So wird sich die Bewertung des Einzelfalls an

---

[52] Die genannten Normen setzen in der Prüfungskette ein „Vertretenmüssen" bzw. „Verschulden" voraus. Siehe hierzu: Benning/Oberrath, Bürgerliches Recht, S.48ff. und S.96ff.

[53] Hierzu bereits I.1.

[54] Vgl. Buck S.22ff.

[55] Siehe hierzu I.1.

[56] Siehe hierzu I.1 ;Vgl. hierzu unter anderen: BGH,25.03.1982 (VII ZR 60/81), BGHZ 83,293.

[57] Siehe hierzu I.1; Hierzu auch ausführlich: Goldschmidt, S.37.

[58] Siehe hierzu I.2 und I.4.

den jeweilig konkret vorliegenden Umständen und dem Zweck der Wissensnorm ausrichten, den der Gesetzgeber mit ihr verfolgt.

„Jede Wissensnorm enthält einen ausgewogenen Kompromiß zwischen Verkehrsschutz einerseits und Handlungs-und Bewegungsfreiheit andererseits.
Dieser ausgewogene Kompromiß zwischen Verkehrsschutz und Handlungsfreiheit darf durch eine Wissenszurechnung nicht aus dem Gleichgewicht
gebracht werden: eine zu umfangreiche Wissenszurechnung würde die
Handlungs-und Bewegungsfreiheit des arbeitsteilig handelnden Geschäftsherrn zu sehr einschränken, eine zu eng bemessene Wissenszurechnung
den Rechtsverkehr nicht ausreichend schützen. Auch bei der Wissenszurechnung muß daher eine Abwägung zwischen den widerstreitenden Interessen vorgenommen werden, damit sowohl ein ausreichender Schutz des
Rechtsverkehrs sichergestellt ist, als auch eine für das Zusammenleben un-
erläßliche Handlungsfreiheit des Einzelnen gewährleistet wird."[59]

In der Literatur wird teilweise vertreten, dass eine Wissenszurechnung nicht
nach § 166 BGB sondern nach § 278 BGB stattzufinden habe.[60] Auch *Goldschmidt* ist dieser Ansicht zugeneigt, da hier von vornherein ein größerer
Personenkreis in die Norm mit einbezogen ist. Es sind nicht nur die Vertreter
sondern ausdrücklich auch andere Personenkreise genannt, die in die Zurechnung mit einzubeziehen sind. Die hieran geübte Kritik, § 278 BGB stelle
eine Verschuldenszurechnung und keine Wissenszurechnung dar, Verschulden sei von Wissen und Kenntnis als zunächst neutraler Zustand zu trennen,
weist *Goldschmidt* zurück.[61] *Buck* hingegen führt jene von *Goldschmidt* ab-
gewiesenen Argumente an, um die Wissenszurechnung nach § 166 BGB klar
gegenüber dem § 278 BGB abzugrenzen. Es gehe hierbei um das Verschulden, das im Außenverhältnis durch ein konkretes Rechtsgeschäft entsteht.[62]
Dieser klaren Differenzierung ist zu folgen. Insoweit lässt sich zur Wissenszurechnung im Unternehmen nach folgendes festhalten:

---

[59] Vgl. Goldschmidt, S.87.
[60] Vgl. Goldschmidt,S.49ff;so auch: Harke,§9, Rn 245.
[61] Vgl. Goldschmidt, S.49f.
[62] Vgl. Buck, S.28f.

1. Nach § 166 BGB ist das Wissen des Vertreters nach Absatz 1 dem Geschäftsherren zuzurechnen.

2. Nach der Systematik der analogen Anwendung des Absatzes 1 ist auch das Wissen von Wissensvertretern, die als Hilfspersonen agieren, zurechenbar.

3. Nach Absatz 2 Satz 1 kann der Geschäftsherr sich nicht auf die Unwissenheit seines Vertreters oder Wissensvertreters berufen, wenn er selbst Kenntnis von den Umständen hat.

4. Nach Absatz 2 Satz 2 kann er sich weitergehend nicht auf eigene Unkenntnis und nicht auf die des Vertreters oder Wissensvertreters berufen, wenn er von den Umständen hätte Kenntnis haben müssen. Dies ist Anhand des Fahrlässigkeitsbegriffs des § 276 II BGB zu bewerten

a) Abgrenzung zur Verhaltenszurechnung

Neben der Zurechnung von Wissen ist eine Verschuldenszurechnung im Zuge des § 278 BGB[63] möglich. Das Verschulden ist regelmäßig die Folge eines nach außen gerichteten Verhaltens. Eine Verhaltenszurechnung kann auch über § 31 BGB analog[64] stattfinden, wenn es darum geht das Verhalten eines Handelnden dem Unternehmen zuzurechnen. Hierzu muss die entsprechende Person mindestens über eine ausreichende Leitungsfunktion im Unternehmen verfügen.[65] Bei Schadensersatz begründenden Handlungen durch Hilfspersonen ist neben § 278 BGB auch eine Anwendung des § 831 BGB denkbar.[66]

b) Abgrenzung zur Erklärungszurechnung

Bei der rechtsgeschäftlichen Vertretung im Sinne des § 164 BGB wirken Erklärungen, die von einem Vertreter gegenüber einem Dritten abgegeben werden, direkt für und gegen den Vertretenen, somit auch für und gegen das Unternehmen, für das der Vertreter tätig wird. Dies gilt im Speziellen für den

---

[63] Siehe hierzu die bereits gezogene Abgrenzung unter I.4
[64] Analoge Anwendung der Regelung –Haftung des Vereins für Organe- auf andere Organisationsformen.
[65] Vgl. Dieners, Rn 45.
[66] Vgl. Frey, S.46.

vertretungsberechtigten Gesellschafter nach § 126 HGB.[67] Besitzt der Erklärende keine Organstellung und wurde ihm keine spezifische Vertretungsmacht erteilt, kommt es darauf an, ob der Erklärende als – Wissenserklärungsvertreter- des Vertretenen zu gelten hat. Hier wird §166 BGB ebenfalls analog angewendet,[68] aus welchem sich ebenso der Begriff des –Wissensvertreters-[69] ableitet. Maßgeblich für die Frage ob eine Wissenserklärungsvertretung vorliegt, ist ob der Betreffende stillschweigend oder ausdrücklich mit der selbstständigen Abgabe von Willenserklärungen betraut ist.[70] Dies ist unter der gleichen Betrachtung zu bewerten wie bei den unter I.7 und II.4 näher beschriebenen Voraussetzungen.

Ein Beispiel: Der Sachbearbeiter der Einkaufsabteilung, der selbstständig mit der Nachbestellung von Rohstoffen betraut ist, ohne vor jedem Vorgang den mit einer Teilprokura ausgestatteten Abteilungsleiter fragen zu müssen, ist als Wissenserklärungsvertreter einzustufen.[71]

5.   Wissenmüssen und das Wissen der Organisation

„Wissenmüssen" bezeichnet im Zusammenhang mit der Wissenszurechnung, den Umstand, dass jemand in fahrlässiger Weise rechtsrelevante Umstände nicht kannte.[72] Dies regelt § 166 II S.2 BGB.

Auch hier ist keine Einheitslösung möglich, wenn es darum geht, ein fahrlässiges Nichtwissen zu überprüfen. „Es ist auf die konkrete Situation unter Berücksichtigung der gesamten sozialen Verhältnisse abzustellen."[73]

Das Ziel des Gesetzgebers für ein Ausreichenlassen des „Wissenmüssens" ist auch der Verkehrsschutz, weshalb an verschiedene Personenkreise mit

---

[67]   Vgl. Schmidt, §126, Rn 3.
[68]   Vgl. Meixner/Steinbeck, §6,Rn 170.
[69]   Siehe hierzu I.7
[70]   Vgl. Felsch, VVG §28,Rn 117.
[71]   Vgl. Buck, S. 175f.
[72]   Siehe hierzu I.1: Vgl. Buck, S.31.
[73]   Buck, S.32.

verschiedenen Grundvoraussetzungen, unterschiedliche Erwartungen an die Sorgfaltspflicht gestellt werden.[74]

Bei der Zurechnung von Wissen einer natürlichen Person innerhalb eines Unternehmens geht es zumeist tatsächlich nicht um das unmittelbare Wissen in seiner vollständigen Form. Vielmehr geht es darum, dass das rechtserhebliche Wissen, das in die Sphäre des Unternehmens gelangt ist, diesem auch zurechenbar sein muss, da die Organisation so beschaffen zu sein hat, dass die relevanten Informationen an die richtigen Stellen weitergeleitet werden. Den Geschäftsherrn trifft eine Pflicht zur ordnungsgemäßen Organisation der unternehmensinternen Kommunikation. So wird ihm immer auch das Wissen zurechenbar sein, das einer seiner Hilfspersonen zugegangen ist, wenn zu erwarten ist, dass dieses Wissen bei realistisch möglicher Kommunikationsorganisation, ihn hätte erreichen müssen.[75] Zum einen besteht eine Informationsweiterleitungspflicht bei Zugang relevanter Informationen. Zum anderen besteht eine Informationsabfragepflicht innerhalb der Organisation bei Umständen, die erkennen lassen, dass Informationen die möglicherweise an anderer Stelle zugegangen sind, benötigt werden.[76]

Somit sind Unternehmen verpflichtet sich in einer Weise zu organisieren, dass die Weiterleitung und Abfrage von Informationen im Hinblick auf humane und technische Möglichkeiten, in bestmöglicher Weise durchgeführt und aufrecht erhalten wird. Dies hat der BGH als Organisationspflichtenansatz formuliert.[77]

Es muss auch immer die Relevanz betrachtet werden, die eine Information zum Zeitpunkt des Zugangs für einen Adressaten offensichtlich beinhaltet. Vor allem ist zu beachten, welche rechtliche Bedeutung für Dritte sich für den Adressaten aus der Information erschließt. Eine rechtlich relevante Information ist nach herrschender Meinung und neuerer Rechtsprechung, die Information, die typischerweise aktenmäßig festgehalten wird.[78] Dies sind alle Infor-

---

[74] Vgl. Buck, S.33.
[75] Vgl. Goldschmidt, S.73ff.
[76] Vgl. Schramm: BGB §166, Rn 24.
[77] Vgl. hierzu: BGH,02.02.1996 (V ZR 239/94), BGHZ 132,30ff=NJW 1996, 1339ff.
[78] Vgl. hierzu bspw: BGH, 08.12.1989 (V ZR 246/87) BGHZ 109,327.

mationen die für weitere Vorgänge und Umstände relevant sein könnten. Hierunter sind auch elektronisch erfasste Informationen zu verstehen.[79]

Schon alleine aus Gründen des Verkehrsschutzes und des Gedankens der Gleichstellung kann der Adressat mit diesen Informationen nicht beliebig verfahren und muss eine angemessene Wissensorganisation gewährleisten.[80]

Weitergehend kann ein „Wissenmüssen" unter gewissen Umständen unterstellt werden, wenn nur Teilinformationen im Unternehmen vorliegen, die eine Vermutung oder einen Verdacht begründen. Hier lässt sich eine Nachforschungspflicht unterstellen, wenn die Nachforschung praktisch möglich ist und allgemein angebracht erscheint, um im Zuge dessen ein Tatsachenwissen zu erlangen.[81]

Hierbei ist auch das Element der Fahrlässigkeit zu beachten, denn: „Fahrlässig handelt, wer die im Verkehr erforderliche Sorgfalt außer Acht lässt."[82]

Beim „Wissenmüssen" rechtserheblicher Umstände eines Unternehmens kann somit eine Fahrlässigkeit unterstellt werden, wenn ein ordnungsgemäßer Informationsverkehr, der sich aus allgemeinen Sorgfaltspflichten ableitet, nicht praktiziert wird.

Es ist nicht Sinn und Zweck des „Wissenmüssens", dass Unternehmen in unangemessener Weise jede erdenkliche Information zugerechnet bekommen, die einmal in ihren Geltungsbereich gelangen. Es sind hierbei persönliche und zeitliche Grenzen zu ziehen.[83] Schließlich kann der Rechtsverkehrspartner eines Unternehmens von diesem nicht mehr und nicht weniger erwarten als von einer ebenso verständigen natürlichen Person.

Persönliche Grenzen müssten gegebenenfalls im Hinblick auf die Branchenzugehörigkeit eines Unternehmens zu ziehen sein. An einen Finanzdienstleister werden im Verkehr höhere Anforderungen gestellt als an einen Ge-

---

[79] So unter anderen Leipold,§25,Rn 9; Vgl. auch Fn 77.
[80] Vgl. Schramm,BGB §166,Rn 26;Vgl. auch Wiebe,S.169.
[81] Vgl. Buck, S.42ff.
[82] Siehe §276 II BGB.
[83] Vgl. Schramm,BGB §166R, Rn 29.

mischtwarenhändler.[84] Der Adressat muss einen Anlass zur Informations-speicherung auch in fachlicher Hinsicht erkennen können.[85] Ein ersichtlicher Anlass zur Speicherung der Information muss zum Zeitpunkt des Zugangs vorgelegen haben.[86]

Da es nicht angebracht ist, eine unbegrenzte oder bezüglich der ersichtlichen Relevanz, unangemessene Speicherdauer zu erwarten sind auch zeitliche Grenzen zu ziehen.

Neben persönlichen und zeitlichen Grenzen kann ein „Wissenmüssen" auch durch gesetzliche Beschränkungen ausgeschlossen werden. So gibt es etwa gesetzliche Verschwiegenheits- und Geheimhaltungspflichten, vor allem für Organmitglieder beispielsweise zum Schutz von Geschäftsgeheimnissen o-der zur Verhinderung von Insidergeschäften.[87]

Es lässt sich zusammenfassen, dass eine Wissenszurechnung im Unter-nehmen zumeist durch ein „Wissenmüssen" zustande kommt, wenn eine re-levante Information einer Hilfsperson[88]bekannt wird.[89]Dies ist als typische Begleiterscheinung einer arbeitsteiligen Gesellschaft anzusehen. Erheblich dafür, ob der Inhalt der Information dem Unternehmen zuzurechnen ist, ist die Bewertung, ob die Information nach der Verkehrssitte üblicherweise ak-tenmäßig erfasst wird. Ist dem so, ist die Weiterleitung und Abfrage der In-formation so zu ermöglichen, wie es unter Berücksichtigung des Verkehrs-schutzes geboten ist. Geschieht dies nicht, ist das Unternehmen „fahrlässig in Unkenntnis"[90] und wird so behandelt, als habe es selbst Kenntnis vom In-halt der Information. Dem „Wissenmüssen" sind, unter Berücksichtigung der gesamten sozialen Umstände (vor allem der Zumutbarkeit) und der Berück-sichtigung von Gesetzen Grenzen zu setzen.

---

[84] Siehe hierzu III.4.
[85] Vgl. Buck-Heeb, §2, Rn 12.
[86] Vgl. Goldschmidt, S. 61 f.
[87] Vgl. Buck-Heeb, §2,Rn 37f.
[88] Gemeint sind Hilfspersonen die als Wissensvertreter einzustufen sind. Siehe hierzu I.7.
[89] Auch direkte Kenntnis der juristischen Person ist möglich. Siehe hierzu unter II
[90] Buck, S.45

6. Die Wissenszusammenrechnung

Bei der Praxis der Wissenszusammenrechnung geht es um die Bewältigung des Problems der Wissensaufspaltung, die regelmäßig stattfindet, da Unternehmen mit erheblicher Größe und gesellschaftsrechtlicher Verzweigung stark arbeitsteilig organisiert sind.[91]

Hierbei können Teilinformationen, die an verschiedenen Stellen vorliegen zu einem Gesamtwissen zusammengefügt werden.[92] Argumente hierfür sind der Vertrauensschutz des Rechtsverkehrspartners auf eine ordnungsgemäße Organisation, der Rechtsverkehrsschutz,[93] das Gleichbehandlungsargument von natürlichen und juristischen Personen und die Feststellung, dass juristische Personen eine rechtliche Einheit[94] darstellen.[95]

Zur Wissenszurechnung bei Körperschaften äußert sich *Aden:*

„Eine Körperschaft weiß im Rechtssinne schon immer dann, wenn nur eine zuständige Person das Wissen für sie erworben hat. Sie weiß auch das Ganze, wenn verschiedene Personen unabhängig voneinander nur Teile des Ganzen wissen."[96]

Der eigentliche, vorwiegende Bereich der Anwendung einer Wissenszusammenrechnung betrifft, wie bei der einfachen Wissenszurechnung auch, die nichtvertretungsberechtigten Personen im Unternehmen. *Buck* kritisiert, dass § 166 II BGB für diese Anwendungsfälle keine wirkliche Regelung vorsieht.[97]

Die Anwendungsfälle, in denen eine Verknüpfung zwischen Vertreter und Vertretenem im Zuge der Wissensaufspaltung stattfindet, sind zumindest vom Wortlaut des §166 BGB im komplementären Verständnis von Absatz 1

---

[91] Vgl. Buck, S.312f.
[92] Siehe unter I.1.
[93] Vgl. Altmeppen, GmbHG §35, Rn 97.
[94] Vgl. Buck, S.323.
[95] Vgl. Buck, S.316f.,318ff,323f.
[96] Aden, NJW 1999,3098.
[97] Vgl. Buck, S.337f.

und Absatz 2 abgedeckt.[98] Die Situation der Wissensaufspaltung ist eine Kombination beider Fälle, da auf beiden Seiten ein Wissen, auf das es ankommen soll, vorliegt. Dabei sind zeitliche und räumliche Aspekte zumeist voneinander entkoppelt.

Problematisch ist allerdings, dass es sich bei dem Wissen des Vertreters um Teilwissen handelt, dessen Erheblichkeit unter Umständen gar nicht erkennbar ist. Im Zuge einer Abfragepflicht der Organisation und einer ausreichenden Verwaltung des bereits vorhandenen Teilwissens kann dies einer Zurechnung jedoch nicht im Wege stehen.

Liegt das Teilwissen des Vertretenen bereits als Aktenwissen vor, ergibt sich automatisch ein Wissenmüssen für den Vertretenen, da das Aktenwissen, Wissen der juristischen Person ist. Deshalb ist wohl die von *Buck* angeführte Problematik für *Bruns* nicht von Belang, da das von einer unterorganschaftlichen Person erlangte rechtsrelevante Wissen im Zuge des Erfassens oder Erfassenmüssens ohnehin direkt zum Wissen des Vertretenen wird.[99] Im Zuge der Abfrage- und Weiterleitungspflichten sind die relevanten Informationen die in die Sphäre des Unternehmens gelangen, zusammenzufügen. Geschieht dies nicht, muss eine Berufung auf Unwissenheit des Geschäftsherrn regelmäßig ausscheiden.

Die Wissenszusammenrechnung unterliegt als Teil der Wissenszurechnung den gleichen Grenzen.[100] Es wird noch zu klären sein inwieweit sie bei Konzernverhältnissen anwendbar ist.[101]Bei einer konzernrechtlichen Verzweigung zwischen unterschiedlichen Unternehmen sind die Anforderungen an ein Organisationsverschulden in der Regel höher anzusetzen wenn eine Wissensaufspaltung zwischen ihnen stattfindet.

---

[98] Vgl. Bruns S.251;Verhältnis Vertretener-Vertreter. Absatz 2 analog :Es kommt auf die Kenntnis des Vertretenen an.

[99] Vgl. Bruns, S.251.

[100] Siehe hierzu:I.6; Fn 86.

[101] Siehe hierzu: II.7.

7. Der Wissensvertreter

Hier soll noch einmal der Begriff des Wissensvertreters näher beschrieben werden, der sich aus der Extension des § 166 I BGB auf andere Personen als den rechtsgeschäftlichen Vertreter ergibt.

In einem Urteil des BGH aus dem Jahr 1982 heißt es:

„Wer einen anderen unabhängig von einem Vertretungsverhältnis mit der Erledigung bestimmter Angelegenheiten in eigener Verantwortung betraut, muß sich das in diesem Rahmen erlangte Wissen des anderen zurechnen lassen."[102]

Da die Zurechnung von Wissen einer Hilfsperson auf das Unternehmen schon mehrfach thematisiert wurde, sollen hierfür lediglich zwei Zitate von *Buck/Buck-Heeb* zu der Erkenntnis führen, wie der Begriff des Wissensvertreters von Rechtsprechung und Literatur im Zusammenhang mit arbeitsteilig handelnden Organisationen allgemein behandelt wird.

„Wissensvertreter ist nach der allgemeinen Definition der Rechtsprechung jeder, der nach der Arbeitsorganisation des Geschäftsherrn dazu berufen ist, im Rechtsverkehr als dessen Repräsentant bestimmte Aufgaben in eigener Verantwortung zu erledigen und die dabei anfallenden Informationen zur Kenntnis zu nehmen sowie ggf. weiterzuleiten."[103]

Auf den ersten Blick scheint diese Definition, enge Voraussetzungen an den Begriff des Wissensvertreters zu stellen. Wie schon unter dem Begriff des Wissenserklärungsvertreters behandelt,[104] sind dies wohl aber alle Personen, die in irgendeiner Art nach außen hin auftreten oder beauftragt sind, Kenntnisse anstelle des Vertretenen von außen zu erlangen. Somit ist bereits der Sachbearbeiter betroffen, der in einer nach außen agierenden Abteilung arbeitet und dem in irgendeiner Form ein nach außen gerichteter, selbstständi-

---

[102] BGH,25.03.1982 (VII ZR 60/81), BGHZ 83,293.
[103] Buck, S.293;BGH,24.1.1992,BHZ 117,104(106f.) für einen nicht versicherungsrechtlichen Zusammenhang.
[104] Siehe hierzu: I.4b).

ger Aufgabenbereich durch den Geschäftsherrn eröffnet wird.[105] Sodann spielt es teilweise keine Rolle mehr, ob die Kenntnis, die von dieser Person erlangt wird in einem Zusammenhang mit deren Aufgabenbereich steht. *Buck-Heeb* bringt hierzu an:

„Auf der anderen Seite wird dieses Kriterium auch von der Rechtsprechung aufgeweicht und selbst das Wissen unbeteiligter Mitarbeiter wird zugerechnet."[106]

Ungeachtet dessen scheidet eine –untergeordnete- Hilfsperson als Wissensvertreter aus.[107] -Untergeordnet- ist in diesem Sinne jede Person, bei der es als offensichtlich anzusehen ist, dass der Geschäftsherr ihr weder ausdrücklich noch stillschweigend eine wie oben beschriebene Position zugedacht hat.

8. Zusammenhang der Anwendung bei Unternehmen

Nach der Systematik des § 166 BGB ist zwischen den Fällen des Absatzes 1, des Absatzes 2 Satz 1 und des Absatzes 2 Satz 2 zu unterscheiden. In der Rechtsprechung wird dies im Zusammenhang mit dem arbeitsteiligen Handeln von Organisationen gelegentlich nicht mehr praktiziert.[108] So wird teilweise nur der §166 BGB zitiert.[109] Dies ist dem Umstand geschuldet, dass viele Wissensnormen nur bei positiver Kenntnis des Vertreters oder des Vertretenen eine Rechtsfolge eintreten lassen. Absolut sicheres Wissen ist jedoch regelmäßig nicht feststellbar.[110] Die Übergänge sind fließend. Die Frage der Wissenszurechnung lässt sich daher in Einzelfällen nur in wertender Beurteilung und nicht anhand der abgrenzenden Unterscheidung zwischen –

---

[105] Vgl. Veith,§1, Rn 430.

[106] Vgl. Buck-Heeb, Rn 13.

[107] Siehe Fn 90; Gemeint sind Hilfspersonen denen vom Geschäftsherrn kein selbstständiger Aufgabenbereich eröffnet wird, über den eine Kenntniserlangung unterstellt werden kann.

[108] Vgl. Hartung, NZG 1999,527.

[109] Vgl. Hartung, NZG 1999,527;Vgl. hierzu bspw.: BGH, 09.02.1960,(VIII ZR 51/59), NJW 1960, 860 ; BGH,24.06.1964,(V ZR 162/61) NJW 1964,2016; BGH 24.01.1992,(V ZR262/90), NJW1992,1099.

[110] Siehe hierzu: II.1.

Wissen- und –Wissenmüssen- entscheiden.[111] Aufgrund der regelmäßig auftretenden Wissensaufspaltung in arbeitsteilig handelnden Organisationen ist ein komplementäres Verständnis des Absatzes 1 und 2 vonnöten. Der Zweck der Wissensnorm muss bei der Bewertung im Vordergrund stehen. Eventualwissen des Vertretenen oder ein Sich-Verschließen des Vertretenen gegenüber dem Zugang rechtserheblicher Kenntnisse kann im Zuge einer Reduktion des absoluten Wissenserfordernisses unter Berücksichtigung von Treu und Glauben als positive Kenntnis auszulegen sein.[112] Soweit ein Geschäftsherr weiß, in welcher Funktion seine Wissensvertreter fungieren und welche Art von Informationen bei ihnen eingehen, kann im Einzelfall gegebenenfalls nicht mehr von völliger Unkenntnis des Vertretenen gesprochen werden, auch wenn der Vertreter die Rechtserheblichkeit der Information selbst nicht zu erkennen vermag. Bei einer Wissensaufspaltung wird das Wissen, das beim Vertretenen vorliegt, gegebenenfalls als Eventualwissen zu bewerten sein.

---

[111] Vgl. Hartung, NZG 1999,527; Vgl. bspw.BGH,08.12.1989,(V ZR 246/87),NJW 1990, 975.
[112] Buck, S. 512f.

II Wissensträger

1. Das Organmitglied

Organmitglieder sind die Mitglieder des Vorstands und des Aufsichtsrats einer Körperschaft. Sie vertreten die jeweiligen Organe durch ihre Person. Es ist fraglich, ob der Maßstab der Wissenszurechnung bei diesem Personenkreis überhaupt anzulegen ist, da jedes Wissen, das von einem Organmitglied erlangt wird, direkt der Gesellschaft zugeführt wird. Tatsächlich ist in diesem Zusammenhang §166 BGB nicht direkt anzuwenden. Für ein Wissen oder Wissenmüssen eines Organmitglieds ist § 31 BGB heranzuziehen.[113]

Bei der Frage, inwieweit sich eine juristische Person das Wissen ihrer Organmitglieder zurechnen lassen muss, hat sich in der Rechtsprechung ein teilweiser Kurswechsel vollzogen. Bei der –absoluten Wissenstheorie-[114] die lange Zeit vorherrschte und noch heute teilweise Anwendung findet, ist der Gesellschaft das gesamte Wissen ihrer vertretungsberechtigten Organe ohne Rücksicht auf andere Kriterien grundsätzlich zuzurechnen. Nach neuerer Rechtsprechung wird dies nun mehrheitlich verneint und eine wertende Beurteilung vorgezogen.[115]

Die wertende Beurteilung, die anhand des Einzelfalles vorzunehmen ist, orientiert sich wiederum an den allgemein entwickelten Kriterien, die sich zur Wissenszurechnung herausgebildet haben, da für die Zurechnung von Organwissen keine Spezialregelungen vorgesehen sind.[116] Hier kann somit eine Parallele zu § 166 BGB gezogen werden. Abzustellen ist somit auch hier auf die Bedeutung der Information, die dem Organmitglied zugegangen ist. Handelt es sich dabei um typischerweise aktenmäßig festgehaltenes Wissen, so ist die Kenntnis hierüber der Körperschaft zuzurechnen.[117]

---

[113] Vgl. Weber, AktG §78, Rn 15.
[114] Vgl. BGH v. 23.10.1958, (II ZR 127/57),WM 1959,81ff.
[115] Vgl. Buck-Heeb, §2,Rn 7.
[116] Vgl. Buck, S. 206.
[117] Vgl. Schramm: BGB §166R, Rn 20.

Weder nach der –absoluten Wissenstheorie-, noch nach neuerer Rechtspre-chung ist regelmäßig das Wissen eines nichtvertretungsberechtigten Organ-mitglieds der Gesellschaft zuzurechnen.[118] Dies kann sich ausnahmsweise anders gestalten, wenn für das betreffende Organmitglied eine gesellschafts-interne Pflicht zur Ergreifung bestimmter Maßnahmen besteht [119] und die Person hierdurch zur Entgegennahme und Weiterleitung erheblicher Informa-tionen angehalten ist.

Teilweise wird vertreten, §166 BGB sei bei der Zurechnung von Wissen auch auf Organmitglieder anzuwenden. Diese Ansicht ist jedoch äußerst umstrit-ten.[120] Angesichts der neueren Rechtsprechung stellt diese Herangehens-weise einen gewissen Reiz dar, da die Grundsätze der wertenden Beurtei-lung nun auch bei Organmitgliedern angewendet werden können und der Organisationspflichtenansatz zur analogen Anwendung des § 166 II S. 2 BGB entwickelt wurde. Jedoch verkörpert das vertretungsberechtigte Or-ganmitglied die Gesellschaft selbst. Somit kann nur schwerlich von einer Ver-tretung oder Wissensvertretung gesprochen werden, die Voraussetzung für die Anwendung des §166 BGB sind. Es käme hier möglicherweise eine Zu-rechnung nach § 166 II S. 1 BGB in Betracht, bei dem es auf das Wissen des Vertretenen selbst ankommt. Da bei der Feststellung, ob eine Zurechnung des Organwissens stattfindet eine wertende Beurteilung des Einzelfalls vor-zunehmen ist, ist es für die Rechtsprechung bisher nicht von Belang, ob hier-für eine analoge Anwendung des § 31 BGB oder eine ausdehnende Ausle-gung des § 166 BGB erfolgt.[121] Diese Vorgehensweise ist insoweit unbefrie-digend, als die Rechtsprechung nach Art. 20 GG innerhalb klarer gesetzli-cher Rahmen zu agieren hat und somit eine weitere Konkretisierung an die-ser Stelle wünschenswert wäre.[122] *Habersack* vertritt richtigerweise die Auf-fassung, dass § 31 BGB anzuwenden sei, da hierbei das Wissen, jedes ver-tretungsberechtigten, wenn auch nicht konkret am Rechtsgeschäft beteiligten Gesellschafters zugerechnet werden kann. § 166 BGB sei zu sehr auf

---

[118] Vgl. Buck, S.302; Nur das Wissen vertretungsberechtigter Organe wird zugerechnet; Vgl. hierzu bspw. BGH v. 23.09.2003, (VI ZR 335/02),NJW 2003,3764.

[119] Vgl. Buck, S.303.

[120] Vgl. Buck, S.265 ff.

[121] Vgl. BGH,12.11.1998,(IX ZR 145/98),NJW 1999,284.

[122] Vgl. Aden, NJW 1999,3098.

Fremdwissen bezogen. Zur Anwendung des § 166 II BGB soll es nur ausnahmsweise kommen, wenn ein Organmitglied nach Weisungen der Organisation wie ein weisungsgebundener Bevollmächtigter handelt.[123]

2. Das ausgeschiedene Organmitglied

Auch bei ausgeschiedenen und verstorbenen Organmitgliedern kann eine
Wissenszurechnung nach der absoluten Wissenstheorie weiterhin erfolgen.
Dies unterliegt den gleichen Voraussetzungen wie die Wissenszurechnung
bei noch tätigen Organmitgliedern.[124] *Schramm* äußert sich hierzu:

„Ist das Wissen wegen seiner inhaltlichen Bedeutung zuzurechnen, spielt es
keine Rolle, dass das Mitglied nach Kenntniserlangung aus dem Organ aus-
scheidet. Im Interesse des Verkehrsschutzes ist es erforderlich, dass ihr das
durch Organvertreter einmal vermittelte und wegen seiner Bedeutung aktenmäßig festgehaltene Wissen, weiterhin zugerechnet wird."[125] Dies führt laut
Buck zu einer nur schwerlich zumutbaren unbegrenzten Vervielfältigung des
Wissens der juristischen Person im Laufe der Zeit, weshalb auch hier in wertender Beurteilung darauf eingegangen werden sollte, inwieweit es den aktu-
ellen Mitgliedern vertretungsberechtigter Leitungsorgane nach Treu und
Glauben zumutbar ist, sich dieses Wissen im Zuge einer Schutzpflicht für
den Rechtsverkehr zurechnen zu lassen.[126] Dieser Ansicht ist zu folgen.

3. Der Gesellschafter und der Geschäftsführer

Gesellschafter sind die Mitglieder einer Personengesellschaft oder Anteilseigner einer Gesellschaft mit beschränkter Haftung oder einer Aktiengesell-
schaft. Bei der Wissenszurechnung ist hierbei zu differenzieren. Die Gesellschafter einer Personengesellschaft sind teilweise unmittelbar als geschäfts-
führende und vertretungsberechtigte Geschäftsherren anzusehen. Dies ist
beispielhaft bei allen Gesellschaftern der OHG oder der GbR sowie im Re-
gelfall beim Komplementär einer KG zu beachten. Sie sind regelmäßig zur

---

[123] Vgl. BGH-Urt. v. 10.10.1962 (VIII ZR 3/62).
[124] Vgl. Kuhn, §35, Rn 107.
[125] Schramm, BGB §166R, Rn 20.
[126] Vgl. Buck, S.239 ff.

Geschäftsführung der Gesellschaft verpflichtet.[127] Hierbei ist von einer - organschaftlichen Vertretung von Personengesellschaften- zu sprechen, weshalb die neuere Rechtsprechung die Grundsätze der Wissenszurechnung von Organmitgliedern auf die Personengesellschaft auch bei diesem Personenkreis konsequent anwendet.[128]

Anders verhält es sich bei den Gesellschaftern, denen im Gesellschaftsvertrag keine Vertretungs- und Geschäftsführungsbefugnis eingeräumt wird. Hier kann wie bei den Organmitgliedern ohne Vertretungsbefugnis nur eine Zurechnung nach Treu und Glauben in Betracht kommen, wenn gesellschaftsinterne Pflichten bestehen. So ist das Wissen des Gesellschafters einer GmbH in der Regel nicht zuzurechnen.[129] Somit kommt es letztendlich nicht darauf an, dass jemand Mitglied oder Anteilseigner einer Gesellschaft ist. Maßgebend ist die Vertretungsbefugnis und somit die –Organstellung- der Person. Diese liegt auch bei dem Geschäftsführer oder dem Prokuristen, als bestelltem rechtsgeschäftlichen Vertreter vor, der vom Wortlaut des § 166 BGB ausdrücklich mit umfasst ist.[130]

Abweichend vom Ausschluss der Wissenszurechnung bei nicht vertretungsberechtigten Gesellschaftern, bei denen weder von einer Direktvertretung noch von einer Vertretung nach Treu und Glauben der Gesellschaft zu sprechen ist, kommt weiterhin eine Wissensvertretung in Betracht. Sollte beispielsweise ein Kommanditist oder ein Anteilseigner einer GmbH im Unternehmen mitarbeiten, und die Voraussetzungen für eine Wissensvertretung liegen vor, so kommt natürlich auch hier die extensive Auslegung des §166 BGB zur Anwendung.[131] Sollte die Beteiligung im Unternehmen jedoch nur in einer Kapitaleinlage bestehen, ohne dass eine mitarbeitende Tätigkeit ausgeführt wird, so ist eine Wissenszurechnung regelmäßig ausgeschlossen.

---

[127] Vgl. Krause,S.210.
[128] Vgl. Schramm: BGB §166R,Rn 21.
[129] Vgl. Kuhn,§35, Rn 106.
[130] Vgl. Kuhn, §35, Rn 103-105.
[131] Siehe hierzu bereits: Fn 123.

4. Der Mitarbeiter

Der Geschäftsgehilfe, der ohne ausdrückliche Vertretungsmacht im Unternehmen mitarbeitet, ist eine interne Hilfsperson des Geschäftsherren. Es wurde bereits der Begriff des Wissensvertreters behandelt, der in erster Linie in der Praxis des Wirtschaftslebens auf den Personenkreis der Mitarbeiter abzielt, deren Wissen nach analoger Anwendung des § 166 I BGB Berücksichtigung findet. *Buck* nennt hierzu drei Kriterien die das Schrifttum immer wieder nennt wenn es um die Voraussetzungen der Zurechnung von Wissen einer Hilfsperson auf den Geschäftsherrn geht: Dies sind die Betrauung mit der Erledigung eigener Aufgaben, die Eigenverantwortlichkeit und ein Außenkontakt zu den jeweiligen Rechtsverkehrspartnern des Unternehmens.[132]

Diese Voraussetzungen sind im Unternehmen bei einer Vielzahl von Mitarbeitern anzutreffen. Betrachtet man die Arbeitsteilung in betrieblichen Organisationen, ist festzustellen, dass die genannten Kriterien bei der Mehrzahl der Mitarbeiter vorliegen, wenn der Betriebsbereich damit befasst ist mit der außerbetrieblichen Umgebung zu interagieren. Zu nennen sind Abteilungsbezeichnungen wie etwa: Einkauf, Verkauf, Marketing, Mahnwesen, Compliance und Kundendienst. Ausgenommen von der Wissenszurechnung sind in diesen Abteilungen nur die absolut untergeordneten Hilfspersonen.[133] Ansonsten erfolgt in solchen Betriebsbereichen eine Wissenszurechnung regelmäßig unabhängig vom Willen des Geschäftsherren aufgrund der betrieblichen Organisation.[134]

So ist zum Beispiel der für die Bearbeitung von Versicherungsabschlüssen zuständige Sachbearbeiter einer Versicherung als Wissensvertreter einzustufen.[135]

Fraglich ist ob eine Wissenszurechnung derjenigen Mitarbeiter erfolgen kann, die in einem Betriebsbereich ohne Außenkontakt tätig sind, jedoch eigenverantwortlich mit der Erledigung eigener Aufgaben befasst sind. *Buck* führt

---

[132] Vgl. Buck, S. 159.
[133] Vgl. Goldschmidt, S.37.
[134] Vgl. Ott, Rezension zu: Buck, Wissen und juristische Person, NJW 2002,3608.
[135] Vgl. Gert, §6, Rn 71.

hierzu die Auffassung von *Hoffmann* auf, die vom überwiegenden Teil des Schrifttums abgelehnt wird: „ Ausreichend sei, daß ein Arbeitnehmer Kenntnis vom Mangel einer Kaufsache oder eines Werkes hat, weil er mit der Ware oder dem Werk in irgendeiner Weise befasst war."[136] Dies würde schon die Zurechenbarkeit des Wissens eines in der Fabrikation beschäftigten Monteurs betreffen. Die Erwartungen des Rechtsverkehrs wären hiermit bei Weitem überschritten. Auch *Buck* hält eine solch ausgedehnte Zurechenbarkeit für unangemessen.[137]

Ob bei Mitarbeitern von Produktion und Logistik eine Wissenszurechnung erfolgen kann, ist durch die Ablehnung von *Hoffmanns* Auffassung nicht abschließend geklärt. Es wäre sachdienlich, hier an die Erwartungshaltung im allgemeinen Geschäftsverkehr anzuknüpfen. Dann wäre die Zurechnung von Wissen auf den Geschäftsherren regelmäßig zu verneinen, außer wenn die Person eine so hervorgehobene Stellung einnimmt, dass allgemein anzunehmen ist, dass ihr auch ohne augenscheinlichen Bezug zur Außenwelt des Betriebs Informationsweiterleitungspflichten zufallen. Der Leiter eines Produktionsbereichs steht schon aus Gründen der Bedarfsplanung regelmäßig in Kontakt mit der Geschäftsleitung und leitet ihr im Zuge dessen Informationen zu.

Der BGH hat jedoch wiederholt klargestellt, dass § 166 I BGB, aufgrund des Begriffs des -Vertreters-, nur nach außen auftretende Mitarbeiter einschließe. [138] Zweck sei der Schutz des Vertrauens, das durch ein solch nach außen gerichtetes Verhalten beim Rechtsverkehrspartner entstehe.[139]

Buck konkretisiert die Kriterien der Wissenszurechnung vom Mitarbeiter auf den Vertretenen ebenfalls in der Weise, dass es hiernach nur in nach außen gerichteten Geschäftsbereichen zu einschlägigen Fällen kommen kann. Der Geschäftsgehilfe müsse Entscheidungen kurzfristig ersatzweise anstelle des Vertretenen treffen dürfen oder mit der Überprüfung der für ein Rechtsge-

---

[136] Buck S. 160; Hoffmann, JR 1969,372,374.
[137] Vgl. Buck, S.160 ff.
[138] Vgl. Buck , S.165.
[139] Vgl. BGH,18.01.1974 (I ZR 17/73), WM 1974,312.

schäft erheblichen Umstände betraut sein.[140] Letzteres weicht das Kriterium der Eigenverantwortung etwas auf, da dies nicht unbedingt bedeutet, dass der Wissensvertreter aus den erlangten Kenntnissen Konsequenzen für sein weiteres Handeln ziehen soll, sondern nur dazu angewiesen ist die Umstände zu bewerten und betriebsintern an einen Vertretungsberechtigten weiterzuleiten.[141]

Eine Zurechnung von Wissen eines Mitarbeiters führt grundsätzlich nur zu einer Organisationshaftung der Gesellschaft.[142] Eine Zurechnung zur persönlichen Haftbarmachung von Organen findet nicht statt.[143]

5. Die im Unternehmen beschäftigte Privatperson

Den im Unternehmen beschäftigten Personen gehen regelmäßig nicht ausschließlich auf dienstlichem Wege rechtsrelevante Informationen zu. Es ist in verschiedensten Situationen denkbar, dass sie Kenntnisse in ihrem privaten Lebensbereich erlangen, die für das Unternehmen, in dem sie beschäftigt sind, von Bedeutung sein können.

In der Literatur ist es umstritten, wie das privat erlangte Wissen von Mitarbeitern behandelt werden soll. Einerseits wird das Argument angeführt, dass eine Wissensaufspaltung innerhalb einer Person nicht möglich ist und somit das Gesamtwissen der Hilfsperson zugerechnet werden muss. Andererseits wird mit dem Grundsatz der Pflicht zur ordnungsgemäßen betrieblichen Organisation argumentiert, dass hierbei das privat erlangte Wissen nicht zu berücksichtigen sei.[144] Als Lösung dieses Konfliktes führt *Buck-Heeb* hier richtigerweise an, dass bei dieser Frage eine Betrachtung der allgemeinen Erwartungen des Rechtsverkehrs zielführend ist: Kann eine Weiterleitung der privat erlangten Information bei ordnungsgemäßer Organisation erwartet werden oder nicht?[145] Eine Weiterleitung der Information ist regelmäßig zu-

---

[140] Vgl. Buck, S.161.
[141] Vgl. Buck, S.163f.
[142] Vgl. BGH, 13.10.2000 (V ZR 349/99),NJW 2001,359.
[143] Vgl. hierzu auch: Schleswig-Holsteinisches OLG, 29.06.2011 (3 U 89/10), DStR 2011,2161.
[144] Vgl. Buck-Heeb, §2,Rn 20.
[145] Vgl. Buck-Heeb, §2,Rn 21.

mindest dann allgemein zu erwarten, wenn die entsprechende Person unmittelbar oder mittelbar an einem Rechtsakt beteiligt ist, für den das erlangte Wissen als relevant zu gelten hat.[146]

Weitergehend kann aber auch, die Kenntnis eines am Rechtsakt unbeteiligten zugerechnet werden, wenn der Rechtsverkehr damit rechnen kann, dass ein Informationsaustausch allgemein angebracht erscheint.[147]

Ein ausdrücklicher Ausschluss der Zurechnung des Wissens eines nicht direkt am Rechtsakt Beteiligten findet sich jedoch im Versicherungsrecht im Speziellen. Nach § 70 S. 2 VVG werden Kenntnisse des Versicherungsvertreters, die privat erlangt wurden und nicht im Zusammenhang mit dem Versicherungsvertrag stehen, der Versicherungsgesellschaft nicht zugerechnet.[148]

Bei Organmitgliedern wurde nach der alten Rechtsprechung, die heute noch teilweise vertreten wird, im Zuge der -absoluten Wissenstheorie-[149] jegliches dienstliches und privates Wissen auf die Gesellschaft übertragen. Nach neuerer Rechtsprechung des Organisationspflichtenansatzes des BGH ist die Zurechenbarkeit jedoch in gleicher Weise zu bewerten wie bei Mitarbeitern.[150]

6. Die externe Hilfsperson

Neben den internen Hilfspersonen bedient sich der Geschäftsherr regelmäßig auch der Mitwirkung von Personen, die nicht als seine Arbeitnehmer zu gelten haben. Hier ist beispielsweise vom Verrichtungsgehilfen, vom Geschäftsbesorgungsgehilfen oder vom Berater zu sprechen. Als Folge eines arbeitsteiligen Wirtschaftslebens werden teilweise auch Aufgaben die üblicherweise vom Unternehmen selbst wahrgenommen werden auf Andere ausgelagert. Auch bei diesem Personenkreis ist eine Wissenszurechnung

---

[146] Vgl. Buck-Heeb, §2,Rn 22.
[147] Vgl. hierzu: BGH,09.04.1990 (II ZR 1/89), NJW 1990,2544.
[148] Vgl. Reiff,VVG §70,Rn 18.
[149] Vgl. BGH v. 23.10.1958, (II ZR 127/57),WM 1959,81ff.
[150] Vgl. Buck-Heeb, §2,Rn 20

nach § 166 BGB unter bestimmten Voraussetzungen möglich. Hierbei muss erneut auf den Begriff des Wissensvertreters abgestellt werden.

Bedient sich der Geschäftsherr Vermittler oder Verhandlungsbevollmächtigter zum Abschluss oder zur Vorbereitung von Rechtsgeschäften, wird eine Wissenszurechnung nach § 166 I BGB von diesen Personen auf die Organisation oftmals zu bejahen sein. Wenn ein solcher Abschlussgehilfe erkennbar für die Organisation mit Wissen und Wollen des Geschäftsherrn nach außen hin handelt und auftritt, so ist er einem rechtsgeschäftlichen Vertreter gleichzustellen.[151] Voraussetzung ist auch hier, dass die Hilfsperson in einer gewissen eigenverantwortlichen Selbstständigkeit auftritt und nicht nur im Zuge einer botenähnlichen Tätigkeit Willenserklärungen vom einen zum anderen Geschäftspartner weiterleitet oder nur zur betriebsinternen Beratung beauftragt ist.[152] Anders als bei einer im Unternehmen beschäftigten Person, kann der Geschäftsherr jedoch eine Wissenszurechnung von seinem externen Gehilfen auf ihn ausschließen, wenn er seinem Geschäftspartner vor Vertragsschluss unzweideutig mitteilt, dass er nur für eigenes Wissen und Handeln einzustehen bereit ist.[153] Es ist jedoch zu bezweifeln, dass ein Geschäftspartner in einem solchen Fall die Geschäftsvermittlung aufgrund der fehlenden Verlässlichkeit akzeptieren würde, weshalb ein solcher Ausschluss nicht sehr praxisnah erscheint. Auch wenn eine Hilfsperson, in selbstständiger Funktion für beide Vertragspartner tätig geworden ist, kommt eine Wissenszurechnung zum Tragen. Diese erstreckt sich auf beide Vertragsparteien über das für die jeweilige Vertragspartei relevante Wissen. Die Zurechnung kann nach Treu und Glauben jedoch ausgeschlossen sein, wenn eine Seite in Zusammenwirkung mit der Hilfsperson die andere Seite benachteiligt, oder die Vorschrift des § 166 BGB rechtsmissbräuchlich ausnutzt.[154]

Beim noch zu behandelnden Unternehmenskauf ist es nach *Hartung* ebenso möglich, bei Mitarbeitern des Zielunternehmens von einer Wissensvertretung zu sprechen. Ist dem Mitarbeiter eine Weiterbeschäftigung nach Übernahme

---

[151] Vgl. Schramm: BGB §166R,Rn 40.
[152] Vgl. Schramm: BGB §166R,Rn 40, 41.
[153] Vgl. BGH v. 02.06.1995 (V ZR 52/94), NJW 1995,2550.
[154] Vgl. Schramm: BGB §166R,Rn 43.

des Betriebs zugesichert worden, kann er schon während der Kaufverhandlungen als Wissensvertreter angesehen werden, da er in einem gewissen Abhängigkeitsverhältnis zur Käuferpartei steht und sich schon aufgrund dessen zur Kenntnisnahme und Weiterleitung von Informationen an seinen künftigen Arbeitgeber verpflichtet fühlt.[155]

Ob auf diesem Wege eine Wissenszurechnung tatsächlich stattfinden kann, wird im Einzelfall durch die Betrachtung zu lösen sein, in wessen Lager die betreffende Person anzusiedeln ist.[156]

Bei der Auslagerung ganzer Betriebsteile auf Drittunternehmen ist fraglich, ob das Wissen des Dienstleisters der auslagernden Organisation zugerechnet werden kann. Von der Rechtsprechung ist diese Frage nicht abschließend geklärt worden. Auf der einen Seite steht hierzu das Argument des Verkehrsschutzes, das den Rechtsverkehrspartner berücksichtigt, der regelmäßig keine Kenntnis von Auslagerungen bei seinem Geschäftskontrahenten hat. Auf der anderen Seite steht der Organisationspflichtenansatz, der nur von einer betriebsinternen Organisationspflicht spricht. Nach *Spindler/Anton* ist eine Zurechnung wohl immer dann möglich, wenn durch eine intensive Aufsicht über das Drittunternehmen eine Beherrschung des Verkehrsraums möglich ist.[157] Im Zweifel ist es vorzuziehen die Wissenszurechnung beim sog. –Outsourcing- zu bejahen. Ein zureichender Schutz des Rechtsverkehrspartners des auslagernden Unternehmens ist sonst kaum zu gewährleisten. Eine Beherrschung des Verkehrsraums ist im Zuge der Vertragsfreiheit regelmäßig mühelos möglich. Ein Unternehmen sollte sich nicht darauf berufen können, dass es mit seinem Dienstleister keine hinreichenden Kontrollrechte vereinbart hat. Ein höherer Arbeitsaufwand wird regelmäßig zumutbar sein.

Abschließend sollen zur externen Hilfsperson noch Beispiele aus der Rechtsprechung zur Erwähnung kommen:

Das Wissen eines Grundstücksmaklers, der nur eine vermittelnde Tätigkeit ausübt und bei der Erfüllung von Haupt- und Nebenpflichten nicht eingebun-

---

[155] Vgl. Hartung, NZG 1999,526.
[156] Siehe Fn 122.
[157] Vgl. Spindler/Anton,BGB §166,Rn 6.

den ist, wird auch bei arglistiger Täuschung des Kaufinteressenten dem Käufer nicht zugerechnet.[158]

Ein mit Vertragsanbahnung- und abschluss betrauter Kreditvermittler hat als Wissensvertreter der Bank zu gelten.[159]

Ein Baubetreuer der den Bauherren nur intern berät und nicht nach außen auftritt, ist nicht dessen Wissensvertreter.[160]

7. Das im Konzern verbundene Unternehmen

Auch bei der Wissenszurechnung innerhalb von Konzernen ist die Frage der Wissenszurechnung nicht vollständig geklärt. Allgemeiner Konsens ist, dass eine konzernrechtliche Verbundenheit zwischen verschiedenen Gesellschaften für eine Zurechnung allein nicht ausreichend ist.[161] Eine umfassende Konzernzurechnung kann schon aufgrund der Tatsache nicht stattfinden, dass die einzelnen Gesellschaften als Konzernglieder rechtlich eigenständige juristische Personen darstellen.[162]

Liebscher führt hierzu aus:

„Eine, von der Erfüllung der Voraussetzungen eines gesetzlichen Zurechnungstatbestandes unabhängige Wissens- und Verhaltenszurechnung kommt im Konzern vielmehr nur dann in Betracht, wenn die Konzernglieder im konkreten Einzelfall als Teil einer arbeitsteiligen Organisation erscheinen, so dass im Interesse des Verkehrsschutzes eine Pflicht zur ordnungsgemäßen Organisation insbesondere der internen Kommunikation der Konzerngesellschaften angenommen werden kann."[163]

Hierdurch kommen Wissenszurechnungen im vertikalen Verhältnis zwischen Muttergesellschaft und Tochtergesellschaft sowie im horizontalen Verhältnis zwischen Tochtergesellschaften oder Schwestergesellschaften untereinander

---

[158] OLG Stuttgart ,24.01.2011 (13 U 148/10) , NJW-RR 2011, 918.
[159] OLG Düsseldorf,21.05.1993 (17 U 74/92), WM 1993,2207.
[160] OLG Brandenburg,25.08.2011,(12 U 69/10), NJW-RR 2011,1470.
[161] Vgl. Schramm: BGB §166R,Rn 22.
[162] Vgl. Liebscher, Rn 190.
[163] Liebscher, Rn 191; BGH,14.07.1993 (IV ZR 153/92), BGHZ 123,224= NJW 1993, 2807.

in Betracht, wenn die tatsächliche Möglichkeit eines Datenzugriffs besteht[164] und der Rechtsverkehr hiermit rechnen kann. Somit werden die Grundsätze zum Organisationspflichtenansatz des BGH über die Zurechnung von natürlicher auf juristische Person hinaus auch im Verhältnis zwischen juristischen Personen untereinander angewendet.[165]

In Konzernen findet regelmäßig eine –Verschränkung- der Leitungsebenen statt, indem Personen, die eine Organfunktion in der Muttergesellschaft ausfüllen, in den zugehörigen Tochtergesellschaften ebenfalls in einem Führungsgremium vertreten sind. Durch diese personelle Verflechtung wird eine Wissenszurechnung im vertikalen Verhältnis zur Konzernspitze regelmäßig durchführbar sein, wenn ihr keine Beschränkungen im Hinblick auf gesetzliche Verbote im Wege stehen, da die Informationsweiterleitung dann den Erwartungen des Rechtsverkehrs an eine ordentliche Konzernleitung entspricht.[166] Werden Tochtergesellschaften konzernspezifische Aufgaben übertragen, die diese für die Muttergesellschaft oder den Konzernverbund wahrzunehmen haben, findet eine koordinierte Arbeitsteilung statt, bei der ebenfalls eine Informationsweiterleitungspflicht unterstellt werden kann.[167]

Das aktenmäßig erfasste Wissen, die EDV-gespeicherten Informationen, die in den einzelnen Konzerngliedern vorhanden sind, werden regelmäßig nur dann auf ein anderes im Konzern verbundenes Unternehmen zurechenbar sein, wenn ein konkreter Anlass zur Abfrage dieser Informationen gegeben war und der Austausch tatsächlich und rechtlich möglich ist.[168] Unter diesen Voraussetzungen wird auch eine Wissenszusammenrechnung im Konzern möglich, wenn Informationen zeitlich versetzt voneinander in den Herrschaftsbereich unterschiedlicher Konzernglieder gelangen.

Bei der Wissenszurechnung im Konzern ist es angesichts unterschiedlichster Konstellationen besonders wichtig, die Gegebenheiten des konkreten Einzelfalls zu betrachten. Aufgrund des Abstellens auf die Erwartungen des

---

[164] Vgl. Kuhn,§35, Rn 108.
[165] Vgl. Drexl, ZHR 1997,161, S.491ff.
[166] Vgl. Liebscher, Rn 194.
[167] Vgl. Liebscher, Rn 191; So auch: Köhler, UWG § 11, Rn 1.27.
[168] Vgl. Langheid, § 44,Rn 5.

Rechtsverkehrs wird auch immer besonders zu beachten sein, inwieweit der Konzern eine Arbeitsteilung zwischen seinen Gliedern betreibt, um welche Konzernart es sich nach dem Aktiengesetz handelt, welche Leitungsbefugnisse der Muttergesellschaft eingeräumt sind,[169] und wie das Auftreten des Konzerns als Einheit nach außen erfolgt.

---

[169] Siehe hierzu: Bruns, S. 281- 292.

III Anwendungsfelder aus Perspektive des Wissenden

1. Sachkauf

Auf die Rechte, die einem Käufer nach § 437 BGB bei einem Mangel der Kaufsache eingeräumt sind, kann er sich laut § 442 BGB nur berufen, wenn er bei Vertragsschluss den Mangel nicht kannte. Weitergehend kann er die Mängelrechte bei eigener grob fahrlässiger Unkenntnis nur geltend machen, wenn der Verkäufer den Mangel arglistig verschwiegen hat. Die Kenntnis oder grob fahrlässige Unkenntnis seines Vertreters muss sich der Käufer nach § 166 I BGB zurechnen lassen.[170] Schon, wenn eine Hilfsperson nur zu einem Teilaspekt den Kauf verhandelt oder vorbereitet, ist dem Käufer das gesamte Wissen dieser Person zuzurechnen.[171] Dies gilt für Abschlussvertreter des Käufers, die zuvor als Verhandlungsführer des Verkäufers aufgetreten sind ausnahmsweise nicht, wenn die Berufung des Veräußerers auf die Kenntnis des Käufers treuwidrig ist, da der Vermittler eindeutig im Lager des Veräußerers steht.[172] Auch kann der Verkäufer gemäß § 166 II S. 1 BGB seinen Vertreter nicht in -„Unkenntnis vorschicken"- um sich nach Vertragsschluss auf dessen Unkenntnis zu berufen. Musste der Käufer die Umstände kennen, kann er sich nach § 166 II S. 2 BGB ebenfalls nicht auf die Unkenntnis des Beauftragten berufen. Für ein -„Kennenmüssen"- wird in § 442 I S. 2 BGB eine grob fahrlässige Unkenntnis vorausgesetzt. Bei der Bewertung dieser sind die Umstände des Einzelfalls zu berücksichtigen. So hat das Landgericht Münster der Berufung eines Beklagten stattgegeben, der in der Vorinstanz zum Wiederkauf eines von ihm veräußerten gebrauchten Motorrads verurteilt wurde. Der Käufer hatte zu den Kaufvertragsverhandlungen eine ihm bekannte Person mitgenommen, über die er erklärte, sie besitze aufgrund langjähriger Erfahrung mit Motorrädern einen besonderen Sachverstand. Diese Person machte für den Käufer eine Testfahrt, bei der es zu auffälligen Geräuschen kam. Gleichwohl riet sie dem Käufer, das Motorrad ohne weitergehende Untersuchungen zu kaufen. Das Gericht sah es hierdurch als

---

[170] Vgl. Schramm: BGB §166R,Rn 47.
[171] Vgl. OLG Schleswig, 07.04.2009, (3 U 159/07) LSK 2010, 070434.
[172] Vgl. BGH, 28.01.2000 (V ZR 402/98), NJW 2000, 1405.

erwiesen an, dass eine grob fahrlässige Unkenntnis beim Käufer vorlag, da er durch die von seiner bekannten Person erkannten Umstände keine Rückschlüsse auf einen Mangel zog, der tatsächlich vorlag. Zudem wurde durch den Käufer nicht vorgetragen, dass er arglistig getäuscht worden sei oder dass der Verkäufer eine Garantie abgegeben hätte.[173]

Hier war der Wissensvertreter nicht eigens in Verhandlungen mit dem Verkäufer eingetreten. Er sollte jedoch für den Käufer Kenntnisse erlangen, die dem Käufer zu einer Entscheidung für oder gegen den Kauf helfen sollten. Er war somit als Vertrauensperson des Käufers gegenüber dem Verkäufer aufgetreten. Eine Wissenszurechnung kommt auch bei diesem Personenkreis regelmäßig in Betracht.

Ist ein Kauf für beide Vertragsseiten ein Handelskauf, so treten zu den Bestimmungen des § 442 zusätzlich die Pflichten des Käufers nach § 377 HGB hinzu. Dem Geschäftsherrn sind hier nach § 166 BGB die Kenntnisse desjenigen zuzurechnen der die Ware entgegennimmt und kontrolliert, auch wenn dieser sie nicht umgehend weiterleitet, um die Entsendung einer sofortigen Mängelrüge zu veranlassen. Hierdurch würde die Ware als genehmigt gelten und die Mängelrechte wären im Hinblick auf erkennbare Mängel ausgeschlossen.[174]

Unternehmensintern bietet sich hier auch die Anwendung von § 166 II BGB an, da die Ware als Informationsträger dem Unternehmen zu einem vereinbarten Zeitpunkt zugegangen ist und die Weiterleitung und Abfrage der Kontrollergebnisse im Zuge des Organisationspflichtenansatzes ein – Wissenmüssen- für die Organisation unterstellen. § 166 I BGB wird vor allem dann spezifisch anwendbar sein, wenn ein Handelsvertreter an seinem außerbetrieblichen Standort die Ware entgegenzunehmen und zu kontrollieren hat. Unternehmen, die ihren Vertrieb über Filialen abwickeln, können sich nicht auf die Unwissenheit dieser berufen, wenn sie die Waren an diese liefern und auf eine erneute Kontrolle vor Verkauf an den Kunden verzichten.

---

[173] Vgl. LG Münster,29.06.1988 (1 S 83/88), NZV 1988,145.
[174] Vgl. Heilmann, S. 215.

Nichtmitgeteilte Informationen des unternehmensinternen Zulieferers stellen hierbei ein Informationsverschulden dar.[175]

Im innerbetrieblichen Bereich kann es aufgrund menschlicher Fehlleistungen des Öfteren zu Situationen kommen, durch die sich der Käufer einer Sache getäuscht fühlt. So auch in dem in Kapitel I.1 dieser Arbeit erwähnten Anwendungsbeispiel. Der Käufer des Gebrauchtwagens focht seine gegenüber dem Autohaus abgegebene Willenserklärung nach §§ 123 BGB an und verlangte Wandelung des Kaufvertrages, da ihn die Mitarbeiter des Autohauses fahrlässig getäuscht hätten. Ein Mitarbeiter hatte die Angaben des Vorbesitzers zur tatsächlichen Fahrleistung des PKW nicht umgehend weitergeleitet, diese nach eigenem Bekunden vergessen und den falschen Zählerstand in ein Standardformular eingetragen. Ein anderer Mitarbeiter verkaufte ihm den PKW unter diesen Angaben. Der BGH bestätigte, dass der Mitarbeiter, der den Wagen in Zahlung nahm, Wissensvertreter des Autohauses sei, da er selbstständig zur Tätigung solcher Geschäfte befugt sei. Der vom beklagten Unternehmen vorgetragene Umstand, ihr Mitarbeiter habe die Information vergessen, sah der BGH als Hinderungsgrund für einen Anspruch aus § 123 BGB an, da dieser Arglist voraussetze. Der Mitarbeiter habe hier fahrlässig gehandelt, weshalb auch nur ein fahrlässiges Organisationsverschulden in Betracht käme. Die Arglist sei durch den Kläger zu beweisen wenn er auf der Anfechtung beharre.[176]

Beim Sachkauf ist ein besonderes Augenmerk auf die Ware als Informationsträger zu legen. Um negative Folgen der Wissenszurechnung zu vermeiden, ist ein reibungsloser Informationsfluss, von den Personen aus zu gewährleisten, die mit dem Einkauf, dem Verkauf und der Entgegennahme und Kontrolle der Ware beauftragt sind. Weitergehend ist bei diesen Personen auf Kenntnisse über Rechtsmängel, im Speziellen nach § 932 I BGB zu achten.

---

[175] Vgl. OLG Schleswig, 18.08.2005 (5 U 11/05), NJW-RR 2005, 1579.
[176] Vgl. BGH,31.01.1996 (VIII ZR 297/94),DStR 1996,1134.

2. Veräußerung von Unternehmen und Unternehmenstei-
len

Bei Kaufverträgen über Unternehmen und Unternehmensteile kommt teilweise das Sachmängelrecht nach §§ 434 ff. BGB zur Anwendung. Dies ist jedoch nur dann einschlägig, wenn der Mangel auf das gesamte Unternehmen
–„durchschlägt"-, also der Mangel einer einzelnen Sache oder eines Rechts
die wirtschaftliche Grundlage des Unternehmens evident gefährdet oder ver-
schlechtert.[177]Das Gewährleistungsrecht kann analog angewendet werden,
wenn das Unternehmen als Ganzes oder zu einem –Großteil- veräußert wird.
Wo genau die Grenze für einen –„Kauf zum Großteil"- gezogen werden muss
ist nicht genau geklärt.[178] Ist eine Gewährleistungspflicht des Verkäufers
nicht einschlägig, wird weiterhin ein Anspruch des Käufers auf Schadensersatz nach §§ 280, 311 II BGB aus Verschulden des Verkäufers bei Vertragsschluss möglich sein.[179] Da hierfür ein Verschulden vorausgesetzt wird, ist
die Haftung des Verkäufers entsprechend abgemildert, da er bei der Sach-
mängelhaftung als verschuldensunabhängiger Haftung, schon für die Man-
gelhaftigkeit an sich einzustehen hat.[180] So wird auch bei der Wissenszurechnung beim Verkauf von Unternehmen und Unternehmensteilen zumeist
eine Haftung aus culpa in contrahendo wegen unrichtiger Auskünfte an den
Käufer in Frage kommen. Wie bereits erwähnt muss sich der Geschäftsherr
neben den Kenntnissen seiner Mitarbeiter, unter Umständen auch die Kenntnisse der Mitarbeiter des Geschäftspartners im zum Verkauf stehenden Be-
trieb zurechnen lassen.[181] Der BGH hat in seiner bisherigen Rechtsprechung
die Anspruchsgrundlage, die auf die vorvertraglichen Pflichten abstellt, der
Gewährleistung vorgezogen. Zumeist geht es dem Käufer um einen Vertrau-
ensschaden, der durch Umstände entstand, nach denen er, wenn er Kenntnis von ihnen gehabt hätte, einen niedrigeren Kaufpreis verhandelt hätte.[182]
„Für einen Unternehmenskäufer sind Gewährleistungsansprüche, wenn sie
ausnahmsweise gegeben sind, nur interessant, wenn damit der Nachweis

---

[177] Vgl. Hopt ‚Einleitung §1,Rn 46 ;Vgl. auch Massumi, S.17.
[178] Vgl. Hartung, NZG 1999,525.
[179] Vgl. Hopt, Einleitung §1, Rn 46; Vgl. auch Hartung, NZG 1999,525.
[180] Vgl. Hopt, Einleitung §1, Rn 46b.
[181] Vgl. Hartung, NZG 1999,524.
[182] Vgl. Hartung, NZG 1999,525.

eines Verschuldens nicht erbracht zu werden braucht."[183] Eine c.i.c.-Haftung neben der Gewährleistung ist ausnahmsweise bei einem arglistigen Verhalten des Verkäufers möglich.[184]

Hartung empfiehlt, dass der Verkäufer eines Unternehmens vor Vertragsschluss und bestenfalls vor Eintritt in die eigentlichen Verkaufsverhandlungen diejenigen Personen benennt, die für Auskünfte über Eigenschaften von Sachen, Rechten und sonstigen Umständen in Frage kommen und mit deren Hilfe sich der Käufer ein Urteil über den Kaufgegenstand bilden kann.[185] Eine Andienung aller in Frage kommenden Personen stellte ein kaum kalkulierbares Risiko dar: „Solange dieses Objektunternehmen nicht verkauft ist, gehört es in die Sphäre des Verkäufers. An dieser Ausgangslage kann sich nur unter den besonderen Umständen der schon vorzeitig übergegangenen Loyalität etwas ändern."[186] Bei Organmitgliedern und leitenden Angestellten des Verkäufers ist die Zurechenbarkeit von Wissen hingegen regelmäßig unproblematisch, da diese üblicherweise an den Verhandlungen mitwirken.[187]

Der Veräußerer sollte sich vor allem über die entsprechenden Fachkenntnisse der genannten Personen im Klaren sein, sowie über deren – Unbefangenheit-, wenn es darum geht Erklärungen abzugeben, vor allem wenn es bei der Fortführung des Betriebs durch einen neuen Besitzer zu einer positiven oder negativen Beeinflussung der weiteren beruflichen Zukunft seiner bisherigen Mitarbeiter kommen kann.[188] Hier ist die Gefahr einer vorsätzlichen Täuschung durch den jeweiligen Mitarbeiter gegeben. Vorsatz des Vertreters bei Fahrlässigkeit des Vertretenen kann zu einer sog. – gespaltenen Arglist – führen, die im Zuge des Organisationspflichtenansatzes dem Geschäftsherrn zugerechnet wird.[189] Ist sich der Geschäftsherr im Klaren darüber, dass es zu einer unsachlichen Beeinflussung des Käufers durch seine Mitarbeiter kommen kann, hat er die Betreffenden als Erklärungsvertre-

---

[183] Hartung, NZG 1999,531.
[184] Vgl. Tietmeyer ‚Kapitel 9, Rn 115
[185] Vgl. Hartung, NZG 1999,524,530; So auch: Klumpp,17. Kapitel, Rn 2.
[186] Hartung, NZG 1999,527.
[187] Vgl. Klumpp, 17. Kapitel, Rn 2.
[188] Vgl. hierzu die Problemstellung „1. Ausgangslage", Hartung, NZG 1999,524.
[189] Vgl. Hartung, NZG 1999,527,528.

ter auszuschließen. Ungeeignete Mitarbeiter sollten dem Käufer ebenso nicht als Auskunftspersonen zur Verfügung gestellt werden, da –„Erklärungen ins Blaue hinein"- sowie das –„Verschweigen auf gut Glück"- zu einem solchen Organisationsverschulden führen, wenn die erfragten Umstände der Gesamtorganisation eigentlich vorliegen.[190]

Das typischerweise aktenmäßig gespeicherte Wissen bzw. die EDV-gespeicherten Daten muss sich der Verkäufer auch hier nach § 166 II BGB in jedem Fall zurechnen lassen, wenn ein Anlass bestand, diese abzurufen.[191] Ein solcher Anlass ist beim Unternehmenskauf beispielsweise gegeben, wenn Unternehmenseigenschaften im Kaufvertrag festgelegt sind, deren Umstände sich aus der ordnungsgemäßen Erhebung solcher Daten ergeben würden.

3. Eingehung vorvertraglicher Schuldverhältnisse

Die Haftung aus culpa in contrahendo dient in besonderer Weise dem Verkehrsschutz, der auch wie bereits erwähnt gewissermaßen als ein Hauptmotiv der analogen Anwendung des § 166 BGB gelten kann.

„§ 241 Abs. 2 BGB begründet die Pflicht, auf die Rechtsgüter, Rechte und Interessen der anderen Partei Rücksicht zu nehmen. Nach § 311 Abs. 2 werden diese Pflichten insbesondere auch schon durch Aufnahme von Vertragsverhandlungen und die Anbahnung von Verträgen begründet."[192]

Wie beim Unternehmenskauf ist auch bei der folgend zu thematisierenden Finanzberatung und Versicherungsvermittlung eine Haftung des Veräußerers durch Wissenszurechnung von seinem Wissensvertreter auf die Organisation häufig möglich, wenn branchenspezifische und branchenübliche Pflichten außer Acht gelassen werden. Hier ist von Berufspflichten in einem Vertrauensverhältnis nach § 347 HGB zu sprechen.[193]

---

[190] Vgl. Hartung, NZG 1999,529.
[191] Vgl. Klumpp,17. Kapitel, Rn 3,4.
[192] Vgl. Benning/Oberrath,S.51.
[193] Vgl. Hopt, Rn A/16.

Die § 311 II Nr.1-3 BGB schließen neben der Anbahnung von Verträgen und Vertragsverhandlungen auch ausdrücklich –ähnliche geschäftliche Kontakte– mit ein, zu welchen auch die unverbindliche Beratung über unternehmenseigene Produkte zu zählen hat. Abweichend von der grundsätzlichen Zurechnung auf die Organisation, kann im Einzelfall auch nur der Vertreter für Pflichtverletzungen solcher Art einzustehen haben. Dies ist nach § 311 III S. 2 BGB bei der sogenannten Sachwalterhaftung möglich, wenn der Vertreter mit erheblichem Eigeninteresse (z.B. Erlangung von Provisionen) im besonderen Maße Vertrauen für sich beansprucht und die Entscheidung des Kunden hierdurch erheblich beeinflusst wird.[194] Ein völliger Ausschluss der Haftung aufgrund besseren Wissens des Geschäftsherrn wird jedoch auch hier nur möglich sein, wenn ihm kein Organisationsverschulden vorzuwerfen ist. Hierdurch wird ein weiter Kreis an erdenklichen Rechtsgeschäften eingeschlossen. Neben den genannten, konkreten Rechtsgeschäften, kommen für eine Wissenszurechnung in Verknüpfung mit einer Haftung aus culpa in contrahendo eine Vielzahl von anderen Situationen in Frage.

4. Anlageberatung und Finanzprodukte

„Falschberatungen durch Banken, Sparkassen und andere Finanzinstitute beschäftigen die Rechtsprechung und den Gesetzgeber schon seit Jahren in erheblichem Maße. Bislang nur unzureichend wahrgenommen wird hierbei, dass im Zusammenhang mit der Anlageberatung und den darauf bezogenen Compliance-Anforderungen bestimmte Informationsbeschaffungs- und Informationsweiterleitungspflichten der Bank bestehen."[195]

Unternehmen, die Finanzdienstleistungen anbieten, trifft eine besondere Pflicht zur bereits oftmals angesprochenen ordnungsmäßigen Organisation der Informationsstruktur. Hier werden im Speziellen durch § 25 a Kreditwesengesetz (KWG) und § 33 a Wertpapierhandelsgesetz (WpHG) enge Grenzen gezogen und damit hohe Anforderungen an die betreffenden Unterneh-

---

[194] Vgl. Leipold, §25,S. 372f.
[195] Buck-Heeb, BKR 2011, 441.

mensstrukturen gestellt.[196] § 25 a KWG verpflichtet zur ordnungsgemäßen Geschäftsorganisation und zu einem wirksamen Risikomanagement. § 33 a WpHG bezieht sich auf einen ausreichenden Kundenschutz beim Anlagegeschäft. Daneben bestehen zahlreiche weitere Pflichten, die bei Finanzgeschäften zu beachten sind. Informationspflichten gegenüber dem Kunden sind im BGB in den §§ 675 a – 675 c festgeschrieben.[197]

Hopt stellt bei der Aufklärungsbedürftigkeit einzelner Kunden auf deren Individualität ab. So sei darauf zu achten, dass – „eine einfache Frau vom Lande mit geringer Bildung"- höhere Aufklärungsbedürfnisse habe, als ein erklärter – Branchenkenner-, der womöglich selbst beruflich mit Finanzprodukten beschäftigt ist. Die Informationspflichten ließen sich grob in Aufklärungs- Warn- und Beratungspflichten unterteilen.[198] Weitergehend seien die unterschiedlichen Geschäftsarten und Geschäftsumstände different zu bewerten:

Bei Interessenkonflikten zwischen Kunde und Unternehmen besitzt das Kundeninteresse Vorrang. Sind mehrere Kundeninteressen berührt, hat eine sachgemäße Abwägung stattzufinden.[199] Insiderinformationen des Unternehmens sind zu berücksichtigen.[200]

Es bestehen bei verschiedensten Finanzgeschäften Hinweispflichten bezüglich rechtlicher Umstände, finanzieller Eigeninteressen des Unternehmens und seiner Vertreter sowie bei drohender Überschuldung oder unregelmäßig hoher Risiken für den Kunden gegebenenfalls Warnpflichten aufgrund der offensichtlichen Unbedarftheit oder Unerfahrenheit des Betreffenden. Kenntnisse über solche Umstände begründen eine Informationspflicht insbesondere, wenn eine Schutzbedürftigkeit des Kunden ganz offensichtlich zu bejahen ist.[201]

---

[196] Vgl. hierzu http://www.frankfurt-main.ihk.de/recht/themen/unternehmensrecht/compliance/.
[197] Vgl. Hopt, Rn A/16.
[198] Vgl. Hopt, Rn A/17.
[199] Vgl. Hopt, Rn A/19.
[200] Vgl. Hopt, Rn A/20.
[201] Vgl. Hopt, Rn A/23 – A/29.

Aufgrund der Komplexität von Finanzgeschäften ist es allgemein anerkannt, dass Finanzdienstleister bei fehlender interner Kompetenz zur Feststellung ihrer eigenen Pflichten den Rechtsrat Dritter einholen müssen. Geschieht dies bei Sachverhalten bei denen Zweifel über eine Beratungspflicht bestehen nicht, so ist ein Organisationsverschulden regelmäßig zu bejahen.[202] Die Berufung auf einen Rechtsirrtum durch den eine Handlung die zum Schadensersatz verpflichtet, zustande kam, ist hierbei regelmäßig nicht möglich.[203] Ist die Rechtslage bezüglich einer Aufklärungspflicht nicht eindeutig, so besitzt im Zweifel auch hier das Kundeninteresse Priorität, wenn eine völlige Risikovermeidung auf Seiten des Unternehmens ausgeschlossen werden soll. Auf eine unklare Rechtslage soll sich der Finanzdienstleister nicht schuldbefreiend verlassen können, wenn er damit rechnen kann, dass die Rechtsprechung im konkreten Einzelfall zu seinen Ungunsten entscheiden könnte.[204]

Bei Banken und anderen Finanzdienstleistungsunternehmen ist besonders darauf zu achten, dass ein Informationsaustausch von der Leitungsebene auf die einzelnen Mitarbeiter zu gewährleisten ist. Auch ist es zu empfehlen, Informationen über vorherige, gleichartige und vergleichbare Rechtsgeschäfte zu analysieren, dauerhaft zu speichern und abrufbar zu machen.[205] Eine solch umfangreiche Wissensorganisation sollte der Tatsache geschuldet werden, dass das Wissen aller Mitarbeiter, die an dem betreffenden Geschäft bestimmungsgemäß mitwirken, der Organisation zuzurechnen ist.[206]

Durch die Rechtsprechung nicht geklärt ist die Frage, inwieweit bei Finanzdienstleistungsunternehmen, Wissenszurechnungen von einer auf die andere Filiale möglich sind. Im Einzelfall hat die Rechtsprechung eine solche Zure-

---

[202] Buck-Heeb, BKR 2011, 442.
[203] Buck-Heeb, BKR 2011, 442,443.
[204] Buck-Heeb, BKR 2011, 445.
[205] Buck-Heeb, BKR 2011, 449.
[206] Vgl. Schramm: BGB §166R,Rn 32.

chenbarkeit jedoch bestätigt,[207] wenn im Einzelfall konkrete Umstände vorlagen, bei denen ein Informationsaustausch naheliegend gewesen wäre.[208]

Die Wissenszurechnung bei der Anlageberatung und dem Vertrieb von Finanzprodukten ist aufgrund enger gesetzlicher Vorschriften, die die Anforderungen an die innerbetriebliche Organisationsstruktur solcher Unternehmen normieren, als verhältnismäßig streng und besonders kundenfreundlich zu bewerten. Dies kann auch als eine indirekte Folge des öffentlichen und politischen Interesses an einem sicheren und stabilen Kapitalmarkt zum Schutz der Gesamtwirtschaft betrachtet werden.

5. Versicherungsdienstleistungen

Versicherungsvertreter sind Angestellte eines Versicherungsunternehmens, oder arbeiten selbstständig im Auftrag einer oder mehrerer Versicherungsgesellschaften in unterschiedlichen vertraglichen Abhängigkeitsverhältnissen. Sie sind in die Organisation des Versicherers eingebunden. Bei ihnen wird im Zuge der Wissenszurechnung seit dem Jahr 1987 die sog. –Auge und Ohr– Rechtsprechung berücksichtigt.[209] Eine Wissensvertretung des Versicherungsvertreters wird im Zuge dieser Rechtsprechung, die sich auf die §§ 69,70,72 des VVG stützt, regelmäßig zu unterstellen sein.[210] Grundsätzlich auszuschließen von dieser Regelung sind üblicherweise Versicherungsmakler,[211] da diese mehr oder minder unabhängige Vermittlungsgeschäfte ausführen und regelmäßig eher im Lager des potentiellen Versicherungsnehmers anzusiedeln sind. Dies ist insoweit zu kritisieren, als dass der Makler zwar regelmäßig vom potentiellen Versicherungsnehmer beauftragt wird, ihm eine geeignete Versicherung zu vermitteln, ein Provisionsanspruch jedoch üblicherweise gegenüber dem Versicherer anfällt. Somit könnte konkurrierend hierzu, auch davon gesprochen werden, dass der Makler eher im Lager des Versicherers steht. Ausnahmsweise kann die Situation tatsächlich anders bewertet werden, wenn der Makler mit Wissen des Versicherers aus-

---

[207] Vgl. Schramm: BGB §166R,Rn 32a.
[208] Vgl. BGH, 01.06.1989,(III ZR 277/87),NJW 1989,2881.
[209] Vgl. BGH, 11.11.1987,(IV a ZR 240/86), BGHZ 102,194,197.
[210] Vgl. Schimikowski, VVG § 19, Rn 25.
[211] Vgl. Schimikowski, VVG § 19, Rn 28.

schließlich oder fast ausschließlich nur an ihn vermittelt.[212] Weiterhin ist nach § 70 II VVG nicht der Vertreter mit einbezogen, der wie bereits erwähnt außerhalb seiner Tätigkeit ohne Zusammenhang zum betreffenden Vertrag Kenntnisse erlangt.[213] Mitarbeiter des Versicherers, die mit stillschweigender Zustimmung in vertreterähnlicher Funktion auftreten sind dagegen mit einzubeziehen.[214] Erheblich wird die Regelung besonders im vorvertraglichem Verhältnis zum Versicherungsnehmer. Nach § 19 VVG kann der Versicherer vom Vertrag zurücktreten, wenn der Versicherungsnehmer bereits vorliegende, gefahrerhebliche Umstände vor Vertragsschluss verschweigt, die zu einem Schadensfall führen können und die der Versicherer schriftlich erfragt hat. Erlangt der Versicherungsvertreter im Zuge von Beratungen und Verhandlungen Kenntnisse von solchen Umständen, so wird seine Kenntnis dem Unternehmen auch zugerechnet, wenn der Versicherungsnehmer eine explizite Anzeige unterlässt.[215]

Das Prinzip des Versicherungsvertreters als Auge und Ohr des Versicherers bewirkt vor allem auch, dass ein wahrheitswidrig ausgefülltes Antragsformular zum Abschluss einer Versicherung nicht als Beweis einer Täuschung durch den Versicherungsnehmer ausreicht, wenn dieser glaubhaft darlegt, er habe den Vertreter informiert. Dies gilt insbesondere dann, wenn der Vertreter das Formular auf Weisung des Versicherungsnehmers selbst ausfüllt.[216]

Ein Ausschluss der Wissenszurechnung ist in den allgemeinen Versicherungsbedingungen nur begrenzt möglich. Weitergehend ist das bereits erwähnte -kollusive Zusammenwirken- von Vertreter und Versicherungsnehmer ein Ausschlussgrund für die Zurechnung zum Nachteil des Versicherers.[217] Der Vertreter kann hierbei nicht mehr als –„Auge und Ohr"- des Versicherers betrachtet werden.[218] Ein solches Verhalten liegt bereits dann vor, wenn der Versicherungsvertreter von den gefahrerheblichen Umständen im Kontakt mit

---

[212] Vgl. BGH,22.09.1999 (IV ZR 15/99), NversZ 2000,124.
[213] Vgl. Meixner/Steinbeck, § 5, Rn 49.
[214] Vgl. Meixner/Steinbeck, § 5, Rn 50.
[215] Vgl. Bruns, S. 158.
[216] Vgl. Schimikowski, VVG § 19, Rn 25f.
[217] Vgl. Veith,§ 1, Rn 219.
[218] Vgl. OLG Hamm,20.03.1998,(20 U 230/97), LSK 1998, 460101.

dem potentiellen Kunden Kenntnis erlangt und eine hiervon abweichende Erklärung des Versicherungsnehmers ohne Hinweis billigt.[219] Handelt der Versicherungsnehmer arglistig und täuscht dabei auch mit Erfolg den Vertreter, so scheidet eine Wissenszurechnung zu seinen Gunsten ebenfalls aus.[220] Unter Umständen ist dies auch dann der Fall, wenn der Vertreter die Anzeigepflicht aufgrund von arglistig verschwiegener Erheblichkeit falsch bewertet auch wenn er von dem eigentlichen Umstand Kenntnis hatte.[221] Der Beweis für solche Umstände ist vom Versicherer zu führen.[222]

Als Wissensvertreter des Versicherungsnehmers gelten alle Personen, die in nicht ganz untergeordneter Stellung eine Aufgabe wahrnehmen, in der sie zur Aufnahme, Bewertung und Weiterleitung von rechtserheblichen Informationen ausdrücklich oder stillschweigend bestimmt sind. Hiervon sind rein – mechanische Aufgaben- wie das Fahren eines versicherten Fahrzeugs üblicherweise ausgenommen.[223] Wer dagegen beispielsweise dazu bestimmt ist die Informationen über Auffälligkeiten an Fahrzeugen zu sammeln und weiterzuleiten, ist Wissensvertreter des Kfz-Versicherungsnehmers.[224]

---

[219] Vgl. Schimikowski, Versicherungsvertragsgesetz, VVG § 19 Anzeigepflicht, Rn 29
[220] Vgl. Langheid, VVG § 19, Rn 43.
[221] Vgl. Voit/Neuhaus,Rn 53.
[222] Vgl. Langheid, VVG § 19, Rn 45.
[223] Vgl. Wandt, §28, Rn 161.
[224] Vgl. Looschelders, § 17,Rn 127.

IV Resümee

Wissen und Kenntnis sind Begriffe die sich juristisch nicht klar definieren lassen. So ist bei der Wissenszurechnung stets zu ergründen, ob bei der betreffenden Person, von der eine Zurechnung stattfinden könnte, ein Umstand vorliegt, bei dem von Wissen oder Kenntnis zu sprechen ist. Als Ansatzpunkt hilfreich ist es hierbei, an den Zugang der erheblichen Informationen anzuknüpfen. Weitergehend muss hierauf eine Bewertung der konkreten Situation stattfinden, bei der auf die gesamten sozialen Umstände und die Verständigkeit der betreffenden Person unter Berücksichtigung der allgemeinen Erwartungen des Rechtsverkehrs zu achten ist. Im Prozess obliegt es der freien richterlichen Beweiswürdigung, dies zu bewerten.

§ 166 BGB bildet die Grundlage für eine Zurechnung von Wissen auf der Basis von Wissensnormen. Strittig ist seine Anwendung nur bei Organschaftsvertretern von Leitungsorganen, da diese als persönliche Verkörperungen der Gesellschaft, also des Vertretenen selbst anzusehen sind und eine Zurechnung (an sich selbst) daher als nicht schlüssig betrachtet werden kann. Es kann hierbei jedoch auf den § 166 II S. 1 BGB verwiesen werden, bei dem es auf das Wissen des Vertretenen selbst ankommen soll. Konkurrierend wird der § 31 BGB hierbei (in der Literatur), trotzdem zumeist vorgezogen. Eine abschließende Normauswahl durch die Rechtsprechung ist bisher nicht erfolgt.

Bei der Wissenszurechnung im Unternehmen kommt es im alltäglichen Rechtsverkehr regelmäßig auf die Kenntnisse von unterorganschaftlichen Hilfspersonen an, bei denen ständig erhebliche Informationen eingehen die im Zuge des Interagierens mit der außerbetrieblichen Geschäftswelt entstehen. Hierfür hat sich der Begriff des Wissensvertreters aus der analogen Anwendung des § 166 I BGB herausgebildet. § 166 BGB ist von seinem Wortlaut her nur für den Vertreter, also für die Situation einer rechtsgeschäftlichen Vertretung geschaffen. Die Extension soll den Rechtsverkehrspartner eines arbeitsteilig handelnden Akteurs in ausreichender Weise schützen, auch wenn dieser seiner Hilfsperson keine Vertretungsmacht erteilt hat. Als Wissensvertreter können Personen gelten, denen vom Geschäftsherrn ein zur

Erledigung eigener Aufgaben nach außen gerichteter Geschäftsbereich eröffnet ist. Hierbei muss die betreffende Person zur Entgegennahme, Verarbeitung und Weiterleitung von Informationen befähigt sein. Ein gewisser Grad an Eigenverantwortung ist in der Hinsicht vorauszusetzen, dass die Person keine reine Botenfunktion oder rein funktionale Stellung bei der Entgegennahme und Weiterleitung für die Organisation wahrnimmt. Als Wissensvertreter kommen bei Unternehmen neben den Mitarbeitern auch nicht intern beschäftigte Personen wie Berater und Beauftragte in Frage. Weitergehend kann eine Wissensvertretung auch durch ein Abhängigkeits- oder Loyalitätsverhältnis entstehen, wie dies bei einem bevorstehenden Betriebsübergang bei einem Mitarbeiter des Zielunternehmens möglich ist. Bei Personen, die für beide Vertragsseiten tätig geworden sind, ist gegebenenfalls zu ergründen in wessen Lager der potentielle Wissensvertreter anzusiedeln ist.

Hat ein Wissensvertreter rechtserhebliche Kenntnis erlangt, so ist dem Unternehmen dieser Umstand als eigenes Wissen zuzurechnen. Die Rechtserheblichkeit der zugegangenen Kenntnis bestimmt sich danach, ob sie üblicherweise aktenmäßig gespeichert wird. Eine elektronische Erfassung steht einer solchen Speicherung gleich. Durch diese Verknüpfung von Vertreterwissen und Vertretenemwissen bei der Wissenszurechnung in arbeitsteilig handelnden Organisationen, ist eine klare Differenzierung zwischen § 166 I BGB und § 166 II BGB in vielen denkbaren Konstellationen nicht mehr stringent durchführbar, weshalb die Rechtsprechung in solchen Fällen teilweise nur den § 166 BGB zitiert.

Bei Organen und Personen in Organstellung rückt die Rechtsprechung zunehmend von der alten, – absoluten Wissenstheorie-, nach der einem vertretungsberechtigten Organ jegliches Wissen zugerechnet wird, ab. Auch bei diesen Personen soll es nach neuer Rechtsprechung auf die Bedeutung der Information ankommen.

Im Zuge der Organisationspflicht in arbeitsteilig handelnden Einheiten, besteht für den Vertretenen sowie für den Vertreter eine Informationsabfragepflicht und eine Informationsweiterleitungspflicht, um den Erwartungen des

Rechtsverkehrs in eine ordnungsgemäß handelnde Organisation gerecht zu werden. So soll auch der Zustand vermieden werden, dass eine Wissensaufspaltung zwischen einzelnen Unternehmenseinheiten stattfindet, die die Zusammenfügung zugehender Teilinformationen im Zuge einer ordnungsgemäßen Verarbeitung für die Gesamtorganisation erschwert oder verhindert. Kann der Geschäftsherr eine solche ordnungsgemäße Organisation nicht aufweisen, so ist er über Umstände, über die im Unternehmen Informationen vorliegen, von denen er selbst keine Kenntnis hat, in fahrlässiger Unkenntnis. Liegt beim Geschäftsherrn eine Teilinformation vor, die ein Eventualwissen fingiert, oder verschließt er sich entgegen Treu und Glauben der Kenntniserlangung, so kann im Einzelfall auch eine positive Kenntnis unterstellt werden.

Eine Zurechnung und Zusammenfügung von Einzelkenntnissen ist auch unter verschiedenen Unternehmenskonzerngliedern möglich. Maßgebend bei der Fragestellung, ob eine Abfrage und Weiterleitung von Informationen als Organisationspflicht angesehen werden kann, ist die tatsächliche und rechtliche Möglichkeit einer solchen Maßnahme. Weitergehend muss ein wirklicher Anlass zur Ergreifung der Maßnahme bestehen.

So sind der Wissenszurechnung und Wissenszusammenrechnung Grenzen zu setzen, wenn ein Informationstransfer als nicht zumutbar erscheint, oder wenn gegen ein gesetzliches Verbot, im Speziellen gegen Verschwiegenheits- und Geheimhaltungspflichten, verstoßen wird.

Bei der Wissenszurechnung sind Besonderheiten bei einzelnen Rechtsgeschäften sowie Berufspflichten der einzelnen Akteure zu berücksichtigen um einen ausreichenden Verkehrsschutz zu gewährleisten und negative Rechtsfolgen einer Wissenszurechnung zu verhindern. Vor allem bei Unternehmen der Finanzdienstleistungsbranche sind die Anforderungen hierbei besonders hoch.

Literaturverzeichnis

Aden, Menno: Wissenszurechnung in der Körperschaft, in: NJW, C. H. Beck, München 1999, S. 3098f.

Adler, Andree: Wissen und Wissenszurechnung - insbesondere bei arbeitsteilig handelnden Organisationen, Diss. Fachbereich Rechts- und Wirtschaftswissenschaften Johannes-Gutenberg Universität, Mainz 1997.

Altmeppen, Holger, u.a.: GmbHG, GmbHG § 35 Vertretung der Gesellschaft, C.H. Beck, 6. Auflage, München 2009.

Benkel, Gert A., u.a.: Lebens- und Berufsunfähigkeitsversicherung, ALB 1986 § 6 Was bedeutet die vorvertragliche Anzeigepflicht?, C.H. Beck, 2. Auflage, München 2011.

Benning, Axel u. Oberrath, Jörg Dieter: Bürgerliches Recht, Richard Boorberg Verlag, 4. Auflage, Stuttgart u.a., 2008.

Bruns, Christina: Voraussetzungen und Auswirkung der Zurechnung von Wissen und Willenserklärungen im allgemeinen Privatrecht und im Privatversicherungsrecht, Verlag Versicherungswirtschaft, Karlsruhe 2007.

Buck-Heeb, Petra: Vertrauen auf den Rechtsrat Dritter und Wissenszurechnung bei der Anlageberatung, in: BKR, C.H. Beck, München 2011, S. 441-449.

Buck-Heeb, Petra: Corporate Compliance: Handbuch der Haftungsvermeidung im Unternehmen, §2: Wissenszurechnung und Informationsmanagement, C.H. Beck, München 2007.

Buck, Petra: Wissen und juristische Person : Wissenszurechnung und Herausbildung zivilrechtlicher Organisationspflichten, Mohr Siebeck, Tübingen 2001.

Dieners, Peter, u.a.: Handbuch Compliance im Gesundheitswesen, B. Verfahrensordnung- Erläuterungen, C.H. Beck. 3. Auflage, München 2010.

Drexl, Josef: Wissenszurechnung im Konzern, in: ZHR 161,Deutscher Fachverlag, Frankfurt a.M. 1997,S.491 ff.

Faßbender, Christian A.: Innerbetriebliches Wissen und bankrechtliche Aufklärungspflichten, de Gruyter, Berlin 1998.

Fatemi, Aliresa: Der Begriff der Kenntnis im Bürgerlichen Recht, in: NJOZ, C.H. Beck, München 2010, S. 2637-2642.

Felsch, Joachim, u.a.: Versicherungsvertragsgesetz, VVG § 28, Nomos,2. Auflage, Baden-Baden 2011.

Frey, Christian: Die Vertretung verselbständigter Rechtsträger in europäischen Ländern, Duncker und Humblot, Berlin 2003.

Goldschmidt, Christof-Ulrich: Die Wissenszurechnung: Ein Problem der jeweiligen Wissensnorm, entwickelt am Beispiel des § 463 S. 2 BGB, Duncker und Humblot, Berlin 2001.

Harke, Jan Dirk: Allgemeines Schuldrecht, §9, Springer-Verlag, Berlin 2010.

Hartung, Manfred: Wissenszurechnung beim Unternehmenskauf, in: NZG, C.H. Beck, München 1999, S. 524-531.

Heilmann, Jan: Mängelgewährleistung im UN-Kaufrecht, Duncker und Humblot, Berlin 1994.

Hoffmann, Hans-Joachim: Arglist des Unternehmers aus Sicht der für ihn tätigen Personen, in: JR, de Gruyter, Berlin 1969, S. 372-374.

Hopt, Klaus J. u.a.: Handelsgesetzbuch A.6) Informationspflicht: Wissenszurechnung; Aufklärungs-, Warn- und Beratungspflichten; Einleitung vor §1, C.H. Beck, 35. Auflage, München 2012.

Klumpp, Hans- Hermann, u.a : Der Unternehmenskauf, 17. Kapitel, C.H. Beck, 6. Auflage, München 2009.

Köhler, Helmut u. Bornkamm, Joachim : Gesetz gegen den unlauteren Wettbewerb, UWG §11, C.H. Beck, 30. Auflage, München 2012.

Krause,Rüdiger: Mitarbeit in Unternehmen, Mohr Siebeck, Tübingen 2002.

Kuhn, Anke, u.a.: Beck'scher Online-Kommentar GmbHG, BeckOK GmbHG § 35, C.H. Beck Verlag, Stand: 01.11.2011.

Langheid, Theo, u.a. :,Versicherungsvertragsgesetz, VVG § 19, VVG § 44, C.H. Beck, 3. Auflage, München 2012.

Leipold, Dieter: BGB I : Einführung und allgemeiner Teil, §25, Mohr Siebeck, 5. Auflage, Tübingen 2008.

Liebscher, Thomas: Die GmbH als Konzernbaustein, Anhang, in: Münchener Kommentar zum GmbHG, C.H. Beck, 1. Auflage, München 2010.

Looschelders, Dirk: § 17 a), in: Versicherungsrecht-Handbuch, Beckmann/Matusche-Beckmann, C.H. Beck , 2. Auflage, München 2009.

Massumi, Shirin Maria: Quo vadis Unternehmenskaufverträge?, Herbert Utz Verlag, München 2008.

Medicus, Dieter: Allgemeiner Teil des BGB, § 55, C.F. Müller, 10. Auflage, Heidelberg u.a. 2010.

Meixner,Oliver u. Steinbeck, René: Allgemeines Versicherungsvertragsrecht,§ 5: Versicherungsvermittlung, §6: Versicherungsvertragsrecht, C.H. Beck, 2. Auflage, München 2011.

Ott, Claus: Wissen und juristische Person, in: NJW, C.H. Beck, München 2002, S.3607.

Reichel, Johannes: Gutgläubigkeit beim Fahrniserwerb, in: Grünhuts Zeitschrift, Band 42, Wien 1916, S. 173 ff.

Reiff, Peter: §70, in: Münchener Kommentar zum VVG, C.H. Beck, 1. Auflage, München 2010.

Schäfer,Carsten / Habersack,Mathias u.a.: Das Recht der OHG, de Gruyter, Berlin, 2010.

Schimikowski, Peter, u.a. : Versicherungsvertragsgesetz, VVG §19, Nomos,2. Auflage, Baden-Baden 2011.

Schmidt, Karsten: HGB § 126, in: Münchener Kommentar zum HGB, C.H. Beck, 3. Auflage, München 2011.

Schramm, Karl-Heinz: § 166, in: Münchener Kommentar zum BGB, C.H. Beck, 6. Auflage, München 2012.

Spindler, Anton, u.a.: Recht der elektronischen Medien, BGB § 166 Willensmängel/Wissenszurechnung, C.H. Beck, 2. Auflage, München 2011.

Tietmeyer, Felix, u.a.: Unternehmenskauf bei der GmbH, Kapitel 9, C.F. Müller, Heidelberg 2011.

Veith, Jürgen, u.a.: Der Versicherungsprozess, § 1 Allgemeiner Teil, C.H. Beck, 2. Auflage, München 2010.

Voit, Wolfgang u. Neuhaus, Kai-Jochen: Berufsunfähigkeitsversicherung, M. Die vorvertragliche Anzeigepflichtverletzung, C.H. Beck, 2. Auflage, München 2009.

Wandt, Manfred : § 28 VVG, in: Münchener Kommentar zum VVG, C.H. Beck, 1. Auflage, München 2010.

Weber, Markus, u.a.: Aktiengesetz, AktG § 78 Vertretung, C.H. Beck, 1. Aflage, München 2011.

Wiebe, Andreas : Die elektronische Willenserklärung, Mohr Siebeck, Tübingen 2002.

Verzeichnis der Onlinequellen

http://www.beck-online.de

http://www.dejure.org

http://www.frankfurt-main.ihk.de/recht/themen/unternehmensrecht/
compliance/.

www.ingramcontent.com/pod-product-compliance
Lightning Source LLC
Chambersburg PA
CBHW050928030726
47586CB00005B/1584